KB261269

정무 스님의 사람 사는 이야기

행복해지는 습관

사기순 엮음

불광출판사

행복해지는 습관

정무 스님은 근대 한국 불교의 거목이셨던 전강 대종사를 은사로 출가 하였습니다. 출가 이래 수십 년 동안 강원과 제방의 선원을 두루 거치 며 경전을 연마하고 불법(佛法)의 요체를 깨닫기 위한 길음을 쉰 적이 없었습니다. 불법을 알기 쉽게 전해주는 설법제일인 부루나 존자와 같은 법사로 널리 알려져 있고, 출·재가의 많은 제자들이 스님의 가르 침을 좇아 올바른 불제자의 길을 가고 있는 훌륭하신 스님입니다.

한편으로는 효행근본 도량인 용주사 등 주요 본말사 주지 소임 을 맡아 수행 환경 조성에 진력하기도 했습니다.

스님의 행장을 살펴보면, 일생 동안 '수행'과 '포교' 곧 부처님 제자의 근본 임무인 '상구보리 하화중생(上求菩提 下化衆生)'을 구현 하며 살아오신 분임을 잘 알 수 있습니다. 지난해에는 종단에서 스님께 포교대상을 드려 스님의 발자취를 기리고 후학들의 모범을 삼고자 하였습니다만, 정무 스님께서는 이런 상에도 큰 의미를 두지 않고 다만 '내가 마땅히 한 일을 하였을 뿐이다'라고 하면서 대중들의 공덕으로 돌렸습니다.

많은 불자와 독자들이 잘 알고 있듯이, 정무 스님의 법문과 글은 어렵지 않습니다. 누구든지 쉽게 읽고 이해할 수 있으며, 가슴을 찌르는 말씀입니다. 스님의 법문은 쉬우면서도 그 하나하나가 경전과 어록에 근거한 깊이 있는 가르침입니다.

일반 불자 대중들이 일생을 살아가면서 겪게 되는 출산, 육아, 자녀교육, 취업, 결혼문제, 중년과 노년의 삶 그리고 마지막 죽음을 맞이하는 과정 모두가 스님 법문의 주제입니다. 단순하게 "이렇게 살아라" 하는 일방적 교훈이 아니라 스님께서 대중의 입장이 되어 문제를 들여다보고, "부처님이라면 어떻게 하셨을까?" 고민하신 뒤에 해결방안을 살짝 알려주십니다. 대중들은 자신도 모르는 사이에 문제와 고민이 해결되고, 부처님 가르침에 한 발 더 다가서게 됩니다. 많은 사람들이 정무 스님의 법문을 귀 기울여 듣고 기꺼이 스님의 제자가 되고 싶어 하는 이유가 여기에 있을 것입니다.

부모와 자식 사이에서도 갈등과 불화가 도를 넘어 심지어 원수처럼 지내는 사람들이 늘어나는 오늘날, "은혜를 알고 부모에 효도하고, 평소 경청하고 베풀면서 살라."는 정무 스님의 말씀은 불자와 비(非) 불자를 막론하고 우리에게 꼭 필요한 생활법문입니다.

정무 스님의 법문집 『행복해지는 습관』이 독자들에게 기쁨이 되고, 삶의 자양분이 되어 이 땅을 멋진 세상으로 만들어나가게 되길 기대하며 많은 분들에게 필독을 권하는 비입니다.

불기 2552년 5월 3일

대한불교조계종 총무원장 지관

부처님께서는 모든 중생에게 불성이 있다, 동시성불(同時成佛)을 했다고 말씀하셨습니다. 우리 모두가 부처님과 똑같이 이미 불성이 있고, 부처님께서 성불하실 때 모든 중생들이 동시에 성불했다는 것입니다. 이 말씀은 부처님께서 인류에게 보내는 가장 행복한 메시지입니다.

이제 더 이상 헤맬 필요가 없습니다. 우리는 그저 이 말씀을 믿고, 부처님께서 일러주신 4제(四諦), 8정도(八正道), 6바라밀(六波羅蜜)을 실천하면 됩니다. 웃을 일이 있어 웃는 게 아니라 일없이 그냥 웃어도 마침내 행복해지듯이 자신이 부처라는 것을 믿고 부처 행을 했을 때 이 세상은 그대로 극락세계입니다.

하지만 세세생생 익혀온 중생이라는 습관 때문에 계속 중생으로 살아가려 합니다. 어떻게 하면 이 잘못된 습관에서 벗어날 수 있을 것인가? 하루하루 생활 속에서 행복해지는 습관을 기르면 됩니다. 불을 켜면 어둠이 사라지는 동시에 밝아지는 것과 마찬가지 이치입니다.

"나는 이대로 완전함, 내 인생의 모든 일이 나의 궁극적 목표를 향해 진행되고 있다. 나는 사랑받는 사람 나는 곧 보살입니다."
라는 말이 저 깊은 잠재의식까지 스며들 수 있도록 상상하고, 믿고, 확신하십시오. 그러면 반드시 이루어집니다. 마음의 법칙이 바로 그런 것입니다. 다른 사람을 대할 때도 "당신은 사랑받는 사람, 당신은 곧 보살입니다."라고 존중하십시오. 나도 행복해지고 상대방도 행복해집니다.

행복해지는 습관은 별다른 게 없습니다. 우리가 알고 있는 평범한 상식을 실천하면 됩니다. 매사 감사하고, 은혜를 알고 은혜를 갚고, 효도하고, 경청하고, 배려하고, 베풀면서 하루하루 충실히 즐겁게 살면 행복해집니다. 더 나아가 수행하는 습관을 들이면 궁극의 행복에 이를 수 있습니다.

그 동안 익혀온 습관대로 살기 쉬운 게 우리 인생인지라 평생 동안 마음 관리를 잘 해야 합니다. 그래서 작년 1년 동안 월간 불광에 태교, 출산, 육아, 자녀교육, 취업, 결혼, 중년문제, 노인문제, 죽음 등 인간의 삶 전반에 대해 연재를 하였습니다. 독자들의 반응이 좋아 내용을 보충하여 한 권의 책으로 엮게 되었습니다. 구술을 듣고 자료를 정리하여 엮어준 불광출판사 사기순 편집부장과 모든 직원들에게 노고를 치하합니다.

끝으로 이 책을 만난 여러분 모두 행복하시길 빌면서 거듭 당부드립니다. 돈도 없고 힘도 없더라도 온 천지의 은혜에 감사하고, 모든 이의 행복을 축원해 줄 수는 있을 것입니다. 늘 감사하면서 모든 이의 행복을 빌어주십시오. 운명이 바뀝니다. 그대로 행복합니다.

2008년 안성 석남사에서

원공 정무 화남

3장 사랑받기 위해 태어난 인생

4장 행복한 인생의 주춧돌

7장 아름다운 노년

8장 죽음은 새로운 시작

행복은 어디에서 오는가?

우리는 온 천지의 은혜로 태어났다

새벽에 눈을 뜹니다. 기지개를 켜고 숨을 크게 들이킵니다. 흐음, 향긋한 바람결이 느껴집니다. 살아있구나! 참으로 기적 같습니다. 부처님께서는 생명이 호흡지간에 있다고 하셨습니다. 그렇습니다. 숨 한 번 들이셨다가 내쉬지 못하면 죽습니다. 이 공기의 은혜로 우리는 숨을 쉬면서 살아가고 있습니다. 공기 부처님의 은혜에 감사드립니다.

부드러운 바람결을 타고 산새들이 노래하는 소리, 맑은 계곡물 소리가 들립니다. "아! 좋다." 감탄사가 저절로 나옵니다. 산새 부처님께 감사드립니다. 숲 부처님께 감사드립니다. 물을 한 잔 마십니다. 시원합니다. 행복한 느낌이 가슴 깊이 밀려듭니다. 물 부처님께 감사드립니다.

새벽예불을 드리면서 우리의 본사이신 석가모니 부처님, 공기 부처님, 물 부처님, 산새 부처님, 나무 부처님, 꽃 부처님, 돌 부처님, 쌀 부처님, 아기 부처님, 도반 부처님, 상좌 부처님, 공양주 부처님 등 온 천지의 부처님들께 정성껏 예경을 올립니다. 삼라만상의 모든 부처 님들께 고마운 마음을 보냅니다.

잠시 좌선에 듭니다. 지극한 행복감… 수행은 다음 생을 위한 것 도 아니고 전생의 업을 닦기 위한 것도 아닙니다. 수행은 바로 지금 이 순간 궁극적인 행복(니르바나, 열반)을 체득하기 위함입니다. 아니 본래 로 인간은 행복한 존재입니다. 인간은 한 사람 한 사람이 부처의 능력 을 간직하고 있는 지극히 행복한 존재인데, 깨달음의 밸브가 열리지 않아 그것을 다만 깨닫지 못하고 느끼지 못할 뿐입니다.

수행은 바로 그 깨달음의 밸브를 여는 작업입니다. 수행을 습관 화시켜 몸과 마음에 배면 어느 순간 밸브가 열립니다. 깨침의 순간이 옵니다. 물론 깨치고 나서도 겉으로 보기엔 이전과 별 차이가 없습니 다. 깨친 자와 깨치지 못한 자 동전의 양면과 같습니다. 달라진 게 있 다면 그제야 부처님 말씀이 제대로 보인다는 겁니다.

부처님께서 일체 중생 실유불성이라, 모든 중생에게 다 부처의 씨앗이 있다 해도 진짜로 믿는 사람은 별로 없습니다. '아, 저렇게 바 보 같은 사람에게, 저 난폭한 사람에게, 저 형편없는 사람에게, 나같 이 나약하고 게으른 사람에게 무슨 부처의 성품이 있다는 거야.'라고 늘 인간을 폄하하던 마음의 습관 때문입니다. 그래서 진정한 행복, 니르바나의 경지가 열리지 않았던 것입니다.

잘못된 식습관으로 병이 생기듯 잘못된 마음의 습관이 큰 병통입니다. 처음에는 그저 그렇게 시작한 것도 막상 습이 들어버리면 끊기 힘듭니다. 특히 자신의 마음속에 깊이 뿌리내린 습관은 더더욱 무섭습니다. 한번 어떤 방향으로 생각이 고정되어버리면 그 생각의 방향을 바꾼다는 것은 결코 쉽지 않습니다. 사고방식이라는 것이 어릴 때부터 꾸준히 길들여온 것이기에 하루 아침에 어떻게 해볼 도리가 없습니다.

마음과 육체는 하나이기에 마음 따라 육체도 병이 듭니다. 고혈압으로 고통 받는 분들을 자세히 보면 성격이 급하고 직선적입니다. 아집이 강한 성격 때문에 대인관계에 마찰이 심하고 혈압까지 높아진 것입니다. 성격도 습관입니다. 생각하는 습관이 그대로 성격을 형성한 것입니다. 자신의 성격에 문제가 있는 줄을 알면서도 고치려 하지 않습니다. 타고난 성격이므로 어쩔 수 없다고 합니다.

하지만 그 또한 잘못된 사고방식입니다. 마음이라는 것은 본래 이것이다, 원래 그렇다고 할 만한 고정된 실체가 아닙니다. 번뇌도 마음에서 나오고 깨달음도 마음에서 나오는 것입니다. 그래서 예로부터 조사스님들께서 "번뇌가 곧 깨달음"이라 하셨고, "한마음 돌리니 삼계가 열반(니르바나, 번뇌의 불길이 꺼진 궁극의 행복)"이라고 하셨습니다. 물론 그 한마음 돌리기가 그리 쉽지 않은 것입니다. 개인은 물론이고, 이 사회 전체 대중이 사고방식과 생각하는 습관의 방향을 아주 조금

돌린다는 것이 얼마나 힘든 일인지 인류 역사를 통해서도 알 수 있습니다.

깨달음이라는 것이 어떤 특별한 정신적·육체적 현상이 아닙니다. 다만 태어나면서부터 습관 들여온 잘못된 사고방식이 문제입니다. 내가 실체로 존재하고 있다는 것, 탐내고 성내고 어리석은 탐진치 삼독심이 가장 잘못된 사고방식입니다. 이렇듯 허망한 나에 집착하여 허우적대는 중생이라는 사고방식에서 벗어나야 합니다. 하지만 번뇌를 지어낼 능력이 있다면 깨달음도 지어낼 능력이 있는 것입니다. 번뇌만 해도 그렇습니다. 이 얼마나 놀라운 일입니까? 부처의 작용이 아니면 번뇌란 어림도 없는 것입니다.

행복도 마찬가지입니다. 일상생활 속의 작은 행복부터 니르바나라는 궁극의 행복에 이르기까지 진정으로 행복해지기 위해서는 평소 행복해지는 연습을 해야 합니다. 행복해지는 습관이 몸에 배어야 합니다. 음식도 먹어본 사람이 맛을 알고, 문화생활도 누려본 사람이 누리듯이 행복도 습관화시키지 않으면 느끼지 못합니다. 평소 웃지 않는 사람은 웃어야 할 상황에서 웃지도 못하듯이, 고무줄을 당겼다 놓으면 다시 제 자리를 찾아가듯이 행복이 와도 못 느낍니다. 행복한 상황이 오히려 어색해서 슬쩍 자리를 피합니다. 그리곤 또 우울해 합니다. 행복을 생각하고 행복해지는 습관이 배어야 행복이 끌어당겨집니다. 내가 행복해야 행복한 사람들이 몰려들고, 주위사람들도 행복해집니다.

　우리 모두 행복해지는 습관으로 과감하게 습관을 바꾸어야 합니다. 어떻게 해야 할까요?

　"나는 이대로 완전함, 내 인생의 모든 일이 나의 궁극적 목표를 향해 진행되고 있다. 나는 사랑받는 사람 나는 곧 보살입니다."라고 하여 자기 자신에게 긍정적인 암시를 하면 좋습니다.

　"기분이야 좋든 말든 기분 좋다 생각하고 기분 좋게 활동하자, 건강이야 어떻든지 건강하다 생각하고 건강하게 생활하자, 행복이야 하든 말든 행복하다 생각하고 행복하게 봉사하자."는 구절을 늘 새기고 좋은 생각을 하십시오.

　우리의 뇌는 일어난 사실이 아니라 자기 생각을 입력합니다. 의사가 환자에게 가짜 약을 투여하면서 진짜 약이라고 하면 환자의 좋아질 것이라고 생각하는 믿음 때문에 병이 낫는 플라시보 효과가 나타나는 것입니다. 또 꿈보다 해몽이라는 말도 있지 않습니까? 객관적인 사실보다 주관적인 해석이 더 중요합니다. 긍정암시가 충만한 생활을 하면 언제나 행복할 것입니다. 그 어떤 영양제나 보약보다 심신에 이로운 것이 좋은 생각, 행복한 생각입니다. 민들레 홀씨처럼 주위에 좋은 생각을, 행복을 퍼뜨리십시오. 나도 행복해지고 이웃도 행복해집니다.

"한 방울의 물에도 천지의 은혜가 스며있고,

한 알의 곡식에도 만인의 노고가 담겨있습니다.

이 음식을 먹고 건강을 유지하여

모든 중생을 위해 봉사하겠습니다.

나무 석가모니불."

- 공양게송

절에서는 공양(식사)을 할 때 위와 같이 공양게송을 합니다. 우리는 온 천지의 은혜로 태어났습니다. 밥만 하더라도 공기, 물, 흙, 퇴비, 씨앗, 농부, 상인, 배달업자, 유통업자, 음식 만드는 이 등 수많은 인연들의 은혜 덕분에 먹을 수 있습니다. 우주에 있는 자연과 사람 등 천지 만물의 은혜로 살고 있다는 것을 느끼면서 감사한 마음으로 공양을 합니다. 그리고 은혜를 갚으며 살겠다고 다짐합니다. 모든 만물의 은혜를 관념적으로 알 수도 있습니다. 하지만 수행을 통해 체득하면 그 깊이가 다르겠지요. 우리가 염불하고 참선하고, 108배 등 수행을 하는 것은 이렇듯 은혜를 알고, 궁극적인 행복을 얻기 위함입니다.

감사한 마음, 고맙다는 말을 자주 쓰는 사람은 스스로도 행복하고 상대방도 행복해지니 만나는 사람마다 귀인이 됩니다. 천지사방에 도와주는 사람뿐입니다. 세상만사가 감사한 일뿐입니다. 고마운 일에만 감사할 게 아니라 역경이 닥쳤을 때, 나쁜 일, 억울한 일을 당했을 때도 시시콜콜 따질 게 아닙니다. 그저 '나를 성장시키는 계기로구나,

얼마나 감사한 일인가' 하는 마음가짐으로 받아들이면 전화위복이 됩니다. 이렇듯 매사 고마워하는 마음이 습관화되면 있는 자리 그대로가 극락이요, 천당입니다.

행복은 어느 날 갑자기 찾아오는 것이 아닙니다. 행복 또한 꾸준히 준비한 사람들이 누릴 수 있는 것입니다. 우리가 날마다 밥을 먹으며 온 천지의 은혜로 태어나고 성장한다는 것을 인식해야 합니다. 또한 천지 사방에 흩어져 있는 수많은 부처님들의 은혜에 감사하며 은혜를 갚기 위해 노력해야 합니다. 그러다 보면 행복해지는 습관이 뼛속 깊이 스며듭니다.

행복해지는 습관이 배면 살아있다는 것만으로도 기적 같고 행복합니다. 이 세상 모든 것이 진심으로 고마우니 행복한 미소가 절로 지어집니다. 만나는 사람마다 행복의 미소를 전합니다. 상대방도 행복해집니다. 서로 서로 행복합니다. 이렇듯 은혜를 알고 은혜 갚는 삶을 실천하는 것이야말로 행복해지는 습관의 비밀 열쇠입니다.

행복의 조건

1. 기도하며 하늘에 오르기를 원하지 말고 인간 세상에서 요행을 구하지 말며 스스로 실천 노력하여 정당히 살라.
2. 착한 벗과 친하고 복을 짓고 덕을 닦으라.
3. 악행을 버리고 선행을 닦으며 술을 끊고 음란하지 말라.
4. 날마다 배움에 힘쓰고 실천 수행하여 자신을 극복하라.
5. 부모에게 효도하고 처자식을 잘 보호하며 부지런히 가업에 힘쓰고 타인과 화목하라.
6. 순경(順境)이라고 정신을 잃지 말고, 역경(逆境)일 때 잘 극복하고 정법을 들으라.
7. 거만하여 타인을 가볍게 여기지 말고, 경전을 독송하며 안빈낙도하라.
8. 재일을 지켜 재계하며, 지혜 있는 스승을 찾아 불법을 배우라.
9. 삼보를 굳게 믿고 수행하며, 사악한 길에서 벗어나라.
10. 평등한 마음으로 스승과 벗을 받들고 보시하며 만인을 사랑하라.
11. 항상 탐진치 삼독을 여의고 항상 불도를 잘 닦으라.
12. 항상 삿되고 잡된 일을 여의고 올바른 도리를 닦으라.
13. 언제 어디서나 무슨 일이나 천하 사람을 위해 자비를 베풀라.
14. 어리석고 악한 행동을 하지 말고 항상 착한 행실을 닦아라.

인생은 은혜 갚기의 연속

인생은 은혜를 입고 은혜를 갚는 노력의 연속이라 할 수 있습니다. 우리는 다생 다겁의 윤회 가운데 있습니다. 과거세에 이미 수많은 은혜를 입었고 금생에도 알게 모르게 은혜를 입고 있습니다. 그렇기 때문에 사람이 살아가는 도리 가운데 으뜸은 은혜를 갚는 것입니다.

불교에서는 은혜를 크게 네 가지로 나눕니다. 첫째 삼보(三寶)의 은혜, 둘째 부모의 은혜, 셋째 나라의 은혜, 넷째 동포의 은혜입니다. 삼보의 은혜는 불법승(佛法僧)과 스승의 은혜를 두루 포함하는 것이고, 부모의 은혜는 이생의 부모뿐만 아니라 과거 수억 겁 동안의 부모에게 입은 은혜를 말합니다. 나라의 은혜는 나라가 있음으로 해서 내가 입은 모든 혜택을 말함이며, 동포의 은혜는 내 삶의 도반인 이웃과 사회 구성원 모두에 대한 은혜를 말합니다. 이러니 저러니 해도 우리가 이렇게 잘 살아가고 있는 것은 모든 만물의 은혜 덕분임을 인식해야 합니다. 거듭 강조하건대, 우리는 보은(報恩)하기 위해, 은혜를 갚기 위해 태어났습니다. 과거에 입은 은혜든, 지금 현재에 입은 것이든 은혜를 갚지 않으면 빚이 됩니다. 이 세상의 은혜를 다 갚아 빚을 다 청산하면 그 때 비로소 할 일을 다 했다고 할 수 있습니다. 할 일을 다 한 그 자리에서 우리는 보살이 되고 부처가 됩니다.

세상에서도 빚을 제때 안 갚으면 죄 값을 치러야 하는 것처럼 우주 자연의 이치도 마찬가지입니다. 하지만 이것을 모르는 사람이 많습니다. 오늘날 교육이 개인의 자유와 권리에 대해 너무 강조하다 보니 요즘 자기 자신만 알고 은혜를 몰라보는 젊은이들이 늘어가고 있습니다. 이 한 몸 태어나기까지 얼마나 많은 인연과 은혜가 있어야 하는지를 가르쳐야 합니다. 모든 사람들이 은혜를 갚기 위해 노력할 때 서로가 서로를 위하는 좋은 세상, 밝은 세상이 되는 것입니다.

부처님께서 "만일 세상에 부처님이 계시지 않거든 부모를 잘 섬길지니 부모를 섬기는 것이 부처님을 섬기는 것이다. 천지신명을 다 섬겨도 부모님을 잘 섬김만 못하다. 부모야말로 최고의 신이다."(대집경)라고 말씀하셨듯이 여러 가지 은혜 중에서도 가장 기본적으로 지켜야 할 것이 부모의 은혜를 갚는 것임을 잘 알 수 있습니다.

그런데 요즘 너무나도 부모의 은혜를 망각하고 있습니다. 내가 평소 "효도하라, 은혜 갚는 인생이어야 한다."고 하니 몇몇 노인네들이 "요즘 젊은이들에게 효심을 강조하다가는 고루한 늙은이 취급당한다."고 하더군요. 인간의 가장 중요한 덕목이 시대에 뒤떨어진 사상쯤으로 치부되고 있는 상황이 참으로 안타깝습니다.

본인이 먼저 부모에게 효도하는 본을 보여야 하고, 학교에서도 효도, 은혜 교육을 강화하고, 사회 전반적으로 효도하는 분위기를 조성해야 합니다. "부모에게 자그마한 공양이라도 짓는다면 얻는 복이 한량없고, 조금이라도 순종하지 않는다면 그 죄 역시 한량없다."(잡보장경)는 부처님 말씀을 허투루 들어서는 안 됩니다. 이 세상 모든 자식들이 부모의 은혜를 알고서 갚기 위해 노력한다면 청소년 문제, 노인 문제 등을 미연에 방지할 수 있을 것입니다. 우리는 온 천지의 은혜, 특히 부모의 은혜로 이 세상에 태어났으니 모두가 효도하여 행복한 세상으로 일구었으면 합니다.

 은혜

1. 은혜를 알고 은혜 갚는 이가 보살이다.
2. 능히 은혜를 갚는 자는 선업을 짓는다.
3. 은혜를 아는 자가 능히 바른 깨달음을 이룬다.
4. 부모, 이웃, 국가, 스승, 자연의 은혜를 알라.

이 세상 모든 사람이
다 내 어머니요, 아버지

이와 같이 내가 들었다.

한때 부처님께서 사위국 왕사성의 기수급고독원에서 큰 비구 삼만 팔천인 및 여러 보살마하살과 함께 계셨다.

그 때 세존께서 대중들과 함께 남쪽으로 가실 때에 한 무더기의 마른 뼈를 보셨다. 여래께서는 온 몸(五體)을 땅에 던지시어 마른 뼈를 향하여 예배를 올리셨다.

이를 보고 아난이 깜짝 놀라 부처님께 말씀드리기를, "세존이시여, 여래께서는 삼계의 큰 스승이시며, 사생의 자비로운 아버지이시며 여러 사람들이 귀의 존경하옵는데 어찌하여 마른 뼈에 예배를 하시옵니까?"

부처님께서 아난에게 이르시길, "네가 비록 나의 뛰어난 제자로서 출가한 지 오래 되었어도 안목이 열리지 않았구나. 이 한 무더기의 뼈는 나의 전생의 오랜 조상이거나 부모님의 뼈일 수도 있기에 내가 지금 예배를 하는 것이니라."

- 『부모은중경』

가슴에 전율이 일지 않습니까? 나는 『부모은중경』의 첫 대목을 읽을 때마다, 특히 맨 앞부분의 이 대목을 읽을 때마다 말할 수 없는 감동을 받습니다. 온 우주에서 가장 위대한 부처님, 사생(四生: 태로 낳는 것, 알로 낳는 것, 습기로 낳는 것, 천상세계의 천인들처럼 화하여 낳는 것)의 자부이신 부처님께서 길가의 마른 뼈에 지극정성으로 예배하시는 모습을 상상해 보십시오. 아난존자처럼 모든 사람들이 깜짝 놀라며 궁금해 할 것입니다. 부처님께서는 아난존자의 견해가 좁음을 꾸짖으시며, 한 무더기의 뼈가 전생의 오랜 조상이나 부모님의 뼈일 수도 있다고 말씀하십니다. 결국 이 세상에 모든 사람들이 알고 보면 전생에 부모 형제 아닌 이가 하나도 없다는 말씀입니다.

우리는 나고 죽고 나고 죽으며 윤회하고 있습니다. 수많은 생을 윤회하면서 수많은 삶을 만나고 또 만나다 보면 만나는 사람들마다 어느 생엔가는 다 내 어머니요, 아버지요, 형제 자매였던 것입니다. 이처럼 윤회의 이치를 안다면, 이 세상에서 만나는 모든 중생이 언젠가는 내 부모 형제였다는 것을 믿어야 합니다. 그렇듯 내가 만나는 모든 이들이 한때 내 부모였다는 것을 믿는다면, 지금 이생에 만나는 사람들 모두에게 어찌 함부로 대할 수 있으며, 어찌 괴롭힐 수 있으며, 어찌 해코지할 수 있겠습니까?

간혹 세상 사람들 중에 부모 형제 떼놓고 출가했다고 해서 불교를 효도와는 거리가 먼 종교라고 말하는 이들도 있는데, 알고 보면 불교는 세상에서 효도를 가장 강조하는 종교입니다.

부처님께서는 "원수라도 자기 부모처럼 보라."(원각경), "보살은 중생을 마치 외아들처럼 평등하게 바라보니, 모두가 최상의 안락을 얻게 하고자 함이다."(화엄경), "설사 오른쪽 어깨에 아버지를 짊어지고, 왼쪽 어깨에 어머니를 짊어지고 천년을 지내면서 등 위에서 편안하게 모시더라도 부모의 은혜를 갚기에는 부족하다."(부모은난보경), "천지의 신을 섬기는 것이 부모에게 효도하는 것만 못하다. 부모야말로 최고의 신이다."(사십이장경)라고 말씀하셨습니다. 뿐만 아니라 부처님께서 효도하신 덕분에 성불하게 되었다고 하셨습니다.

옛날 히말라야 산에 앵무새 한 마리가 살았습니다. 앵무새의 부모가 둘 다 장님인지라 앵무새는 어릴 때부터 부모를 봉양하였습니다. 항상 먹음직스런 열매를 얻으면 앞 못 보는 부모에게 가져다 드렸습니다.

어느 날 밭을 지나는데 밭의 주인이 곡식을 심으면서 기도를 올리는 모습을 보았습니다. 앵무새는 밭주인이 "이 밭에서 난 곡식은 중생과 함께 나누어 먹겠습니다."라고 기도하는 것을 보고는 그 뒤로 스스럼없이 그 밭의 곡식을 물어다가 부모를 봉양하였습니다.

그런데 얼마 후 그 밭의 주인이 앵무새가 밭을 밟아 망가뜨리고 곡식을 함부로 물어가는 것을 보고 화를 냈습니다. 마침내 그물을 쳐서 앵무새를 사로잡았습니다. 앵무새가 주인에게 물었습니다.

"보시하겠다고 기도하는 모습을 보고 곡식을 가져간 것인데 왜 나를 잡아가두는 것입니까?"

앵무새의 말을 듣고 밭의 주인이 되물었습니다.

"누구를 위해 곡식을 가져간 것인가?"

"부모님이 앞을 보지 못해서 제가 봉양을 하고 있습니다."

앵무새의 말을 듣고, 밭의 주인이 탄식하며 말했습니다.

"짐승도 부모를 위한 효심이 이렇게 지극한데 하물며 사람이겠는가? 앞으로는 언제든지 곡식을 가져가도 좋다."

부처님께서 비구들에게 말씀하시길, "앵무새는 나 여래이고, 밭의 주인은 사리불이며, 앞 못 보는 부모는 정반왕과 마야부인이다. 옛날에 앵무새로 태어났을 때 효성 지극하게 부모를 섬긴 공덕으로 이생에 성불하게 된 것이다."라고 말씀하셨습니다. - 『잡보장경』

이와 같이 불교에서 강조하는 효도는 다른 종교에서 말하는 효도나 일반 윤리 도덕적인 효도와는 질적으로 다릅니다. 효도를 하면 성불할 수 있다, 아니 본래 성불한 존재임을 깨닫는 것입니다. 또한 이 생에서만, 이생의 자기 부모에게만 효도하는 것이 아니라 과거세의 부모님, 앞으로 만날 부모님에게 효도해야 합니다. 다시 말해서 만나는 모든 사람들을 부모님처럼 섬기며 은혜를 갚으라는 것이 불교의 가르침입니다.

이러한 부처님의 말씀을 항상 가슴에 안고 부모님께 효도하면 사람답게 잘 살 수 있습니다. 존경받는 삶, 진정으로 성공한 삶, 행복한 삶이 될 것입니다. 아니 더 나아가 부처님이 되어 영원한 자유인으로 진리의 삶, 해탈 자재한 삶을 살 수 있습니다.

평생토록 갚아도
다 갚을 수 없는 부모님 은혜

부처님께서는 『부모은중경』에서 길가의 뼈 무더기에 예배를 한 뒤에 무게와 색깔을 통해 남자의 뼈인지 여자의 뼈인지 알 수 있는 방법을 알려줍니다. 검고 가벼운 뼈가 여자의 뼈라고 하시면서 그 이유를 일일이 설명해 주십니다. 아울러 부모님의 열 가지 은혜를 상세하게 설해 주십니다.

첫째, 아이를 배어 열 달 동안 품고서 지키고 보호해 주신 은혜(廻眈守護恩), 부모 자식 인연은 다겁 생에 걸친 소중한 인연입니다. 잉태한 그 순간부터 이전 여러 생에 걸친 인연을 생각하고 뱃속의 아기를 위하여 어머니가 얼마나 조심하는지 모릅니다. 열 달 동안 앉을 자리, 설 자리를 알고, 좋은 것만 보고 좋은 소리만 들으려 애쓰고, 뱃속의 아이가 잘 자랄 수 있도록 정성을 쏟으시니 그 은혜를 어찌 잊을 수 있겠습니까?

둘째, 아이를 낳으실 때 고통을 받으시는 은혜(臨産受苦恩), 예전에는 아기를 낳기 전에 고무신을 거꾸로 놓고 산실에 들어갔다고 합니다. 어머니가 죽을 각오를 하고 아기를 낳는 것입니다. 아기 낳는 고통에 대해서는 세상의 어머니들이 더 잘 알 것입니다.

그런데 요즘 생일 풍속도를 바로잡아야 합니다. 생일은 본인이 태어난 날이기에 앞서 어머니께서 고생스럽게 낳아 주신 날입니다. 그런데 제가 잘나서 태어난 양 친구들과 생일파티하고 즐기느라 어머니는 안중에 없는 경우가 많습니다. 또한 생일 노래를 보면 '축하합니다'라고 그날 태어난 당사자를 위해 노래를 해 주는데, 어머니 수고에 '감사합니다'라고 바꿔야 옳습니다. 나는 일찍이 생일축하노래를 바꾸어서 불자들에게 부르게 했습니다. 질서를 여기서부터 바로 잡아야 합니다. 생일날 어머니께 큰절을 올리면서 낳아주신 데에 대해 감사하며 어머니를 기쁘게 해드려야 할 것입니다. 결혼해서는 시부모, 장인 장모에게 먼저 감사 인사를 하고, 선물을 해드려야 합니다.

셋째, 자식을 낳고 근심 걱정을 잊으신 은혜(生子忘憂恩), 아이가 태어났을 때 부모가 제일 먼저 확인하는 것은 손가락 발가락이 제대로 붙어 있나, 어디 이상한 점은 없는지 살펴보고 나서야 비로소 근심 걱정이 없어집니다.

넷째, 쓴 것은 삼키시고 단 것은 뱉어 먹이시는 은혜(咽苦吐甘恩),

맛없는 것은 당신이 드시고 맛있는 것은 자식에게 먹이는 게 부모 마음입니다. 지금의 40대 이상, 절대적으로 빈곤했던 시절을 보냈던 분들은 아련한 추억으로 남아 있을 것입니다. 어머니가 당신은 생선이나 고기를 싫어하신다면서 한 점도 안 드시고 자식 밥숟가락 위에 얹어주시던 모습을 말입니다.

다섯째, 마른 데로 아이 누이시고 젖은 자리 누우시는 은혜(廻乾就濕恩), 이 대목에 이르면 어버이 노래가 절로 생각나지 않습니까? "진자리 마른자리 갈아 뉘시고 손발이 다 닳도록 고생하시네." 스스로 국보라고 칭하였던 양주동 선생이 작사한 어버이 노래가 실은 『부모은중경』을 축약시켜 놓은 것입니다. 옛날에는 주거환경이 열악했기 때문에 자식이 잘 자고 있는지, 이불은 잘 덮고 자는지 살펴보느라 정작 부모님은 단잠을 못 주무시고, 뒤척이셨던 것입니다.

여섯째, 젖을 먹여서 길러주신 은혜(乳哺養育恩), 젖은 흰 피라고 할 수 있습니다. 자식은 어머니의 피를 먹고 자라는 것입니다. 그 은혜를 어찌 잊을 수 있겠습니까?

일곱째, 깨끗하지 못한 것을 씻어주신 은혜(洗濯不淨恩), 요새처럼 수도꼭지 틀면 뜨거운 물이 철철 나오는 것을 생각해서는 안 됩니다. 엄동설한에 고무장갑도 없는 상황에서 맨손으로 똥 기저귀를 빨고, 장작 때서 목욕물 데워 씻어주시기 위해서 얼마나 고생이 심했을까 생각해 보면 이해할 수 있을 것입니다.

여덟째, 자식이 멀리 나가면 걱정하시는 은혜(遠行憶念恩), 예나 지금이나 부모 심정은 똑같습니다. 어린아이 때는 말할 것도 없고 다 큰 자식도 걱정입니다. 자식 학원 보내놓고도 잠 못 자면서 기다리고, 아들 군대 보내놓고도 전전긍긍합니다. 자식이 집 밖에 나가는 순간부터 걱정하는 게 부모 마음입니다. 그런데 자식들은 제 할 일에 바빠서 싸돌아다니면서도 집에서 걱정 근심하시는 부모님 생각은 전혀 하지 않습니다. 전화 한 통이면 잠시 부모님 걱정을 누그러뜨릴 수 있는데도 무심하기만 합니다. 그 또한 불효임을 알아야 합니다.

아홉째, 자식을 위하는 마음으로 나쁜 업을 행하시는 은혜(爲造惡業恩), 굶는 자식 놔두고 도둑질하지 않는 부모는 없다고 합니다. 누가 악업을 지어 지옥 갈 것을 좋아하겠습니까? 나쁜 일인 줄 알면서도 자식을 위해서 도둑질도 하고 거짓말도 하고, 남들이 손가락질 하는 모진 직업을 가질 수도 있는 것이 부모입니다. 자식을 위해서라면 지옥이 아니라 그보다 더한 곳도 갈 수 있는 게 부모입니다. 몇 년 전에 아기 분유를 훔친 아버지의 기사를 기억하실 것입니다. 그러니 스스로 열심히 노력해서 자주적이고 주체적으로 잘 살아감으로써 부모로 하여금 아무런 걱정을 하지 않고, 악업을 짓지 않게 해드리는 것도 큰 효도입니다.

열째, 끝없는 자식 사랑으로 애태우시는 은혜(究竟憐愍恩), 어버이의 사랑은 깊고 끝이 없어서 목숨이 다해야 비로소 끝날지도 모른다는 내용입니다. 이 열 번째 부모의 은혜와 딱 맞는 내용이 수원 용주사 천보루의 주련에 담겨 있는데, 백 살 된 어머니가 여든 살 된 자식 걱정에 차마 눈을 감지 못한다는 장면이 묘사되어 있습니다.

공간강산일체쾌(空看江山一搋快)　　마음 비우고 강산을 보니

　　　　　　　　　　　　　　　모든 시름 사라지네.

모년일백세(母年一百歲)　　　　　어머니 나이가 백 살이라도

상우팔십아(常憂八十兒)　　　　　항상 팔십 먹은 아들 걱정하네.

욕지은혜단(欲知恩惠斷)　　　　　그 은혜 언제나 끝날거나.

명진시분리(命盡始分離)　　　　　목숨이 다해야 비로소 끝날까.

부대동풍자유춘(不待東風自有春)　동풍 기다리지 않아도 봄이 오면

　　　　　　　　　　　　　　　스스로 불어오네.

이 주련의 내용은 그림으로도 표현되어 있는데, 백 살 먹은 어머니가 임종에 다다라 방으로 들어가는데 디딤돌 위에 한 발자국 떼면서 뒤를 바라보고 있습니다. 뒤에서 팔십 먹은 아들이 울면서 따라오는데, 아들의 허리가 더 꼬부라졌습니다. 어머니는 백 살이 먹었어도 아들을 위해 허리가 꼬부라질 수 없습니다. 자녀를 지도하고 있기 때문에 아무리 늙었어도 꼿꼿하게 허리를 펴고 있는 것입니다. 부모에게 자식은 아무리 나이가 들었어도 자식일 뿐이기 때문입니다.

여러분도 그런 말을 했거나 들은 적이 있을 것입니다. "자식이 눈에 밟혀서 어떻게 죽나." "자식을 위해서라도 온 힘을 내서 살아야지. 이대로 주저앉을 수 없다." "어린 자식들 때문이라도 내 건강 내가 챙겨야겠다."면서 기를 쓰고 살아가는 게 부모입니다. 그런데 자식들은 어떻습니까? 요즘은 초등학생 고학년만 되어도 부모 뜻을 어긴다고 합니다. 그뿐입니까? 필리핀이나 제주도 등 생면부지의 장소에 부모를 버리는 패륜을 저지르는 이들도 있다고 합니다. 천벌을 받을 일입니다. 이게 다 사회적으로 은혜 갚는 도리를 가르치지 않은 과보입니다.

여러분, 생각해 보십시오. 우리 할머니들, 어머니들은 일생 동안 자식들을 위해 헌신했습니다. 물론 오늘날 젊은 여성들 가운데 자식 내버리고 모질게 집 나가는 이들은 예외입니다. 불교에서는 여자 신도들을 '보살'이라고 부릅니다. 헌신적으로 시부모, 남편을 섬기며 자식을 기르고, 이웃에 봉사하는 여성 불자들을 일러 보살이라 부르는 것을 보고 참 잘했다는 생각이 들었습니다. 여성 불자들은 깨달음을 성취하였으되, 정(情)이 많아서 중생들을 보살피며 고통을 없애주고 즐거움을 주는 관세음보살, 지장보살 같은 분들의 칭호를 받기에 충분하다고 봅니다.

이제 부모님의 열 가지 은혜도 알았고, 부모님의 희생적인 삶을 알았으니 효도해야겠지요. 그런데 예부터 효도를 그렇듯 강조한 것을 보면, 효도하는 이들이 드물다는 반증일 것입니다. 내리사랑이라 해서 자식은 끔찍이 아끼고 사랑하면서도 부모의 은혜는 저버리는 사람들이 많습니다. 그래서 더욱 철저하고 제대로 된 효도 교육이 필요한 것입니다.

『부모은중경』, 부모님의 열 가지 은혜(父母 十種大恩)를 여러 번 읽고 또 읽어서 뼛속 깊이 새겨야 합니다. 『부모은중경』은 단순히 불교 경전 중의 하나가 아니라 부모와 자녀를 동시에 사람답게 만들어주는 최고의 인간교과서입니다.

부모의 은혜, 동시에 모든 이의 은혜를 아는 사람을 만들면 인간교육 다 됩니다. 말을 물가에 데려갈 수는 있어도 억지로 물을 먹일 수는 없고, 장인이 기술을 전수할 수는 있어도 솜씨까지 줄 수는 없으며, 성인이 길을 가르쳐 줄 수는 있어도 실천하고 안 하는 것은 개개인에게 달려 있습니다. 부모에 대한 효를 강조하는 것은 종교적 교설을 뛰어넘는 것입니다. '효도는 백행의 근본이요, 백 가지 선업의 근본'이라는 말이 있습니다. 부모에 불효하는 업을 지으면 그 어떤 선업을 지어도 소용이 없다는 말씀 또한 명심하시기 바랍니다.

효자도 불효자도 부모가 만든다

옛날 어느 고을에 소문난 효자와 불효자가 살았습니다.

먼저 효자의 일상을 살펴봅시다. 하루 종일 효자를 따라다녀도 별다른 게 없습니다. 아주 평범합니다. 그런데 해가 떨어지자 효자는 군불을 지펴 방을 뜨끈하게 해놓았습니다. 이것도 특별한 일은 아닙니다. 다른 사람들도 부모를 냉골에서 주무시게 놔두지는 않기 때문입니다. 효자는 군불을 다 땐 뒤 부모님의 침구(寢具)를 잘 깔아서 방 기운과 이불 속을 따뜻하게 하였습니다. 보통사람들도 거기까지는 생각이 미칩니다. 그런데 효자는 그것도 부족하여 부모님이 잠자리에 드실 시간이 되면 옷을 벗고 미리 이불 속에 들어가 자기의 체온으로 침구를 따스하게 해 놓는 것입니다. 효자 아들 덕분에 부모님은 잠자리에 들 때부터 따뜻한 온기를 느끼며 금세 깊이 잠들 수 있었습니다.

이튿날 효자의 부모는 사람들을 만날 적마다 "우리 아들은 효성이 지극하다."며 칭찬하느라 침이 마르지 않습니다. 입에서 입으로 효자에 대한 소문이 돌아 마을 사람들이 이 효자를 우러러 봅니다. 그 마을에 효자 스타가 탄생한 것입니다.

한편, 같은 마을에 사는 불효자는 늘 억울한 마음이 들었습니다. 그는 사실 효자보다 더 성실한 사람이었습니다. 꼭두새벽부터 일어나 일을 해서 재산도 많이 불려놓았습니다. 그렇듯 열심히 살면서 나름대로 부모님 봉양을 잘 하기 위해 애쓰는데도 '불효자'라는 딱지가 늘 붙어 다녔습니다. 친구가 효자라고 사람들의 칭송을 받는데 은근히 질투가 났습니다. 나중에는 속에서 울화가 치밀어 올랐습니다. 그도 그럴 수밖에 없는 것이 불효자는 늘 사람들의 비난을 받으며 살고 있었기 때문입니다.

어느 날 효자네 집에 몰래 숨어들었습니다. '어떻게 하면 효자라는 말을 들을 수 있을까. 저 친구와 똑같이 하면 나도 곧 효자라는 소문이 나겠지.'

숨을 죽이고 하루 종일 효자의 뒤를 졸졸 따라다니며 효자의 행동을 살핀 불효자는 회심의 미소를 지었습니다. '효자 되기 정말 쉽네. 별것 아니군.'

다음 날 해질 무렵, 불효자는 효자처럼 아궁이에 장작불을 피워서 방을 따끈하게 하였습니다. 미리 아랫목에 부모님의 침구를 깔아놓

고 밤이 이슥하기를 기다렸지요. 부모님이 잠자리에 들 시간이 가까워
오자, 불효자는 옷을 벗고 이불 속에 들어가 자신의 체온으로 이불 안
에 온기를 채우고 있었습니다.

이때, 아버지가 잠을 청하러 방에 들어왔습니다. 그런데 아들놈
이 자기 이부자리 속에 누워 있는 게 아니겠습니까. 이런 불효자식 같
으니라구, 화가 머리끝까지 치밀어 오른 아버지는 아들을 나무라면서
작대기로 마구 때렸습니다.

"이놈이 버릇없이, 애비의 이불에서 잠을 자다니 천하에 불효막
심한 놈."

다음 날, 아버지는 화가 풀리지 않아 만나는 사람들마다 전날 있
었던 일에 대해 얘기하면서 분통을 터트렸습니다. 아들을 불효자라고
몰아세운 것은 물론이지요. 입에서 입으로 소문이 돌아 마을 사람들이
불효자를 더 멀리하게 되었습니다.

여러분 어떻습니까? 여러분은 효자입니까? 불효자입니까? 여
러분은 여러분의 자식을 효자로 만들고 있습니까? 불효자로 만들고
있습니까? 똑같은 상황에서 자식을 효자로 만들 수도 있고 불효자로
만들 수도 있는 것입니다.

효자, 불효자뿐만 아니라 삶 자체가 그렇습니다. 세상을, 세상
사람들을 어떻게 보느냐에 따라서 세상이 달라집니다. 긍정적으로 보

느냐, 부정적으로 보느냐에 따라서 인생은 하늘과 땅처럼 달라집니다.

여러분은 만나는 모든 인연을 좋은 인연으로 긍정적으로 변화시키겠습니까? 아니면 부정적으로 색안경을 끼고 살면서 슬픔에 차서 살아가시겠습니까? 이왕이면 내 자식을 효자로 만들고 싶지 않으십니까? 우주에는 위대한 마음의 법칙이 있습니다. 일찍이 부처님께서도 이 점을 간파하시고 『법구경』에서 다음과 같이 말씀하셨습니다.

"마음은 모든 일의 근본이 된다.

마음속에 착한 일 생각하면

그 말과 행동 또한 그러하리라.

그 때문에 즐거움은 그를 따르리.

수레를 따르는 수레바퀴의 자취처럼.

마음은 모든 일의 근본이 된다.

마음속에 악한 일 생각하면

그 말과 행동 또한 그러하리라.

그 때문에 괴로움은 그를 따르리.

형체를 따르는 그림자처럼."　　　- 『법구경』

웃으면 웃을 일이 생긴다고 하지 않습니까? 밝게 생각하고 행동하면 밝은 에너지가 형성됩니다. 만일 여태까지 어둡게, 부정적으로 생각하고 행동하는 경향이 있었다면 일부러라도 밝고 긍정적으로 생각하고 행동하십시오. 성격도 연습하면 고쳐집니다. 지금의 나는 고정되어 있는 실체가 아니라는 것, 마음을 어떻게 먹느냐, 어떤 행동을 하느냐에 따라 인생을 업그레이드시킬 수 있습니다. 자신의 삶을 밝고 긍정적으로 변화시켜 행복하게 살아가는 여러분에게 미리 찬탄의 박수를 쳐드립니다.

효도하는 법

1. 은혜에 감사하며 공경 수순.
2. 건강하고 성실해야 효도할 수 있다.
3. 큰방에 모시고 제때에 봉양하라.
4. 외롭지 않게 때때로 대화해드리라.
5. 용돈을 드리고 따지지 말라.
6. 부모보다 호화롭게 살지 말라.
7. 인과를 믿고 선법을 행하라.
8. 병이 나면 지극 정성 간호하라.
9. 자연 건강법으로 질병 예방.
10. 운명 때 울고 불고 흔들지 말라.

FPQ(효도지수)를
높여야 행복해진다

한눈에 내용이 금세 들어오면서도 짧은 영어식 신조어를 만드는 게 유행인가 봅니다. IQ(Intelligence Quotient : 지능 지수), EQ(Emotional Quotient : 감성 지수), NQ(Network Quotient : 공존 지수), SQ(Social Quotient Intelligence : 사회 지수)에 이어 요즘에는 EnQ(Entertainment Quotient : 엔터테인먼트 지수)라는 신조어가 만들어져 사람들 입에 오르내리고 있습니다.

그래서 나도 사람들이 알아듣기 쉽게 신조어를 하나 만들어보았습니다. FPQ(Filial Piety Quotient : 효도 지수), 영어에는 적당한 말이 없어서 가장 비슷한 의미를 지닌 말을 하나 골랐습니다. 효심에 있어서는 동양이 서양의 종주국입니다. 미래학자들은 앞으로 세상은 동양의 정신사상이 이끌어갈 것이라고 예견하였습니다. 알버트 아인슈타인은 수행의 종교인 불교에 미래의 희망이 있다고 하였습니다. 나는 불교 수행을 바탕으로 한 진정한 효심이야말로 인류의 미래를 밝힐 것이라고 생각합니다.

앞에서 살펴보았듯이 효도는 개개인의 문제가 아닙니다. 우리 이웃, 사회, 국가, 인류, 온 우주의 문제입니다. 모든 이들을 과거·현재·미래의 어버이로 보고 존경하고 효도하며 사는 세상이 바로 우리가 그토록 원하는 극락정토, 부처님 나라입니다.

하지만 효도는 수행의 한 과정으로 삼을 만할 정도로 끊임없이 실천하기 어려운 것 또한 사실입니다. 그렇다면 만 가지 선행의 으뜸이요, 이 세상을 불국토로 만드는 열쇠라 할 수 있는 효도를 어떻게 해야 할 것인가? 아무리 좋은 것이라도 허공에 뜬구름 잡기 식이어서는 안 됩니다. 구체적으로 실천할 수 있는 것이어야 합니다. 실천해서 자기도 변하고 상대방도 변하고 세상도 변해야 의미가 있습니다. 최상의 효도법 10가지를 일러드리겠습니다.

첫째, 신체적·정신적·사회적으로 건강해야 합니다. 건강을 잃고 효도할 수는 없습니다. 언제 어디서나 온당하고 건강한 사람이어야 합니다. 효도를 하기 위해서라도 건강을 잘 챙겨야 합니다.

둘째, 부모님을 잘 모셔야 합니다. 요즘 돈으로 효도한다는 사람들이 많은데, 그건 제대로 된 효도가 아닙니다. 부모님을 모시되, 집에서 가장 크고 좋은 방, 안방에 모셔야 합니다. 부모님을 공경하는 것이 효도의 으뜸덕목인데, 뒷방에 모셔놓고서 공경한다고 할 수 있겠습니까? 부모님을 큰 방에 모시면 여러 가지 이익이 있습니다. 손자 손녀와 놀아주어야 하니 방이 넓어야 합니다. 젊은 사람은 아무래도 집에 있는 시간보다 밖에 있는 시간이 많은 데 비해 노인네들은 집에 있는 시간이 많으니 방이 넓어야 합니다. 방이 커야 답답한 기분도 덜 하고, 공기 소통도 잘 됩니다. 자연히 면역력이 증장되어 노인병에도 잘 걸리지 않습니다. 또 이웃 친지가 방문해서 인사를 하더라도 품위를 지킬 수 있는 것입니다.

내가 이 얘기를 하면 특히 인기가 떨어지는 것 같습니다. "아유, 스님, 요새 누가 자식들과 함께 살아요. 지들도 우리랑 사는 게 불편하겠지만 우리도 마찬가지예요. 피차간에 따로 사는 게 편해요. 손자 손녀 재롱 보는 것은 좋지만 솔직히 길러달라고 할까봐 걱정이구요." 라는 부모들이 많습니다. 물론 따로 살고 싶어 하는 것은 자식들이 더 하지요. 부모님과 같이 사는 친구들을 천연기념물처럼 바라본다는 젊은 사람들, 시부모와 함께 사느니 차라리 이혼도 불사하겠다고 남편을 협박하는 아내들, 심지어 시부모가 함께 살자고 할까 봐, 능력이 되는데도 일부러 작은 평수에 산다는 사람도 있다고 합니다.

자식만 탓할 수도 없습니다. 부모들 중에는 괴팍하고 고집스러운 사람도 있기 때문입니다. 이런 사람들 얘기가 퍼져나가 착하고 좋은 부모들도 자식과 살 수 없게 되는 것입니다. 부모 자식이 함께 살면 정신적·경제적으로 여러 가지 도움을 받을 수 있는데 왜 함께 사는 것을 싫어할까? 대부분 불편하기 때문이라고 하는데 왜 그런지 생각해 보십시오. 평소 자기 위주로 생각하는 마음, 나와 남을 분별하고 대립하는 마음을 길러왔기 때문입니다. 이런 마음의 습관을 바꾸어야 행복해집니다.

셋째, 식사를 잘 챙겨드려야 합니다. 간혹 바쁘다고 식탁에 한꺼번에 잔뜩 차려놓고 나가버리는 경우가 많은데, 그래서는 안 됩니다. 정 바빠서 그렇게 해야 할 경우에는 시간을 정해놓고 전화를 드려서 제때에 조금씩 챙겨 드실 수 있도록 해야 합니다. 노인네들은 조금씩 자주 드셔야 자기 명대로 살지 한꺼번에 많이 먹으면 탈이 납니다.

옛날에 어느 며느리가 효부상을 탔다고 합니다. 가난한 데다 시부모에게 잘해 드린 것도 없는 것 같은데 도대체 어떻게 효부상을 탔을까? 동네 아낙들이 이구동성으로 물어보았습니다. 그 비결은 10년 동안 단 하루도 빼놓지 않고 밤에 주무실 때 항상 숭늉을 한 그릇 머리맡에 놓아두는 일이었다고 합니다.

그 말을 들은 동네 아낙들, '그까짓 거 돈도 안 드는 일인데, 그런 것 가지고 효부상을 탄다면 나도 하겠다.'는 마음에 따라 하기 시작했습니다. 그런데 일주일, 한 달, 두 달도 못 채우고 다 나가떨어지는 겁니다. 다 실패하는 겁니다. 왜 그렇게 쉬운 일을 못 하느냐? 멀리 일보러 갔다가 제때 못 와서 못하고, 깜박 잊어서 못하고, 남편하고 싸운 날은 시부모까지 밉고 원망스러워 안 하고, 간혹 노인네들 어깃장 부리고 심술부리고 잔소리 하면 속상하고 미워서 안 합니다.

그렇듯 쉬운 일 같아도 오랜 세월 동안 똑같이 하는 게 생각처럼 쉽지 않습니다. 십년 동안 싸울 일도 없고, 미워할 일도 없고, 속상할 일도 없는 마음…. 어질고 평온한 마음을 갖추지 않으면 효부가 될 수 없습니다. 언제 어디서나 자비로운 보살 마음을 갖지 않으면 효도도 못합니다. 그러니 효행은 인간 성숙의 길이다, 보살행의 최고봉이라고 하는 것입니다.

넷째, 용돈을 잘 드려야 합니다. 부처님 앞에 시주금 놓듯이 부모님께 정성껏 용돈을 드려야 합니다. 이것은 이발 값, 이것은 목욕 값, 이것은 담배 값 하면서 조목조목 용도에 맞게 쓰라고 주는 것은 용돈이 아닙니다. 그런 것은 어린애도 좋아하지 않습니다. 법당에 시주금 놓고 주지스님에게 그 돈을 어디다 쓸 것인지 조목조목 따져 묻지 않듯이 부모님께 드리는 용돈도 그 쓰임새를 따져 묻지 말아야 합니다.

그리고 이왕이면 새 돈을 봉투에 넣어서 드리십시오. 또 본인이 직접 주는 것보다 자식한테 시키는 게 좋습니다. 할아버지, 할머니께 절을 하고 나서 두 손으로 용돈 넣은 봉투를 올려야 한다고 가르쳐야 합니다. 왜냐, 바로 얼마 지나지 않아 본인이 받아야 할 상황이 오기 때문입니다. 부모님께 용돈 드리는 것도 습관화되어야 하는 것입니다. 또 절대 봉투를 붙여서는 안 됩니다. 봉하는 것 자체가 불신 풍조를 조성하는 것이기 때문입니다.

어쨌든 생활비는 생활비대로 드리고, 용돈은 따로 필요 없다고 해도 꼭 정기적으로 챙겨드려야 합니다. 간혹 "우리 부모는 당신은 하나도 안 쓰고 남한테만 쓰는 게 속상해서 용돈을 드리지 않는다."는 얘기를 들을 때가 있는데, 그런 소리를 들으면 한 대 쥐어박고 싶습니다. 사람이 동물과 다른 게 있다면 남한테 베풀면서 기쁨을 느끼는 것입니다. 자기가 먹을 것 안 먹고 불쌍한 사람에게 먹을 것 사주고, 본인은 헐벗어서 떨더라도 더 못한 사람에게 옷을 사주면서 행복해지는 게 사람입니다. 그런데 그 행복을 왜 말립니까? 그 거룩한 보살의 마음을 왜 탓합니까?

다섯째, 부모가 병이 나면 힘들더라도 친히 간호하는 게 좋습니다. "아이고, 스님, 요즘같이 바쁜 세상에 간병인을 써야지 어떻게 직접 간호해요."라며 반발하는 사람들이 많은데, 모든 것은 자기 선택이요, 판단입니다. 내 생각에 힘닿는 한 자식이 간병을 해야 나중에 부모가 돌아가신 뒤 한이 남지 않더라는 겁니다.

또한 요즘 병원마다 만원입니다. 의사 입장에서 보았을 때 노인과 젊은이 중에 누구를 고치려고 더 애쓰겠습니까? 늙은이야 죽을 고생 다해서 고쳐 놓아보았자 몇 년 지나지 않아 저 세상으로 갑니다. 또 자연치유력이 떨어지니 고치기도 힘듭니다. 그러니 젊은이한테 에너지를 쏟게 되어 있습니다.

그러나 자식의 마음은 다릅니다. 부모가 하루를 더 살다 가더라도 건강하게 편히 사시기를 기원하면서 간호하는 게 자식의 마음입니다. 하기야 이 또한 제 착각일지도 모르겠습니다. 요즘 병원에 문병 갈 때마다, 혹은 장례식장에 시달림 갈 때마다 "긴 병에 효자 없다."는 말이 절절하게 다가옵니다. 하지만 자식은 부모님께 곧 회복되실 거라는 희망을 주어야 합니다. 어릴 때 부모의 사랑으로 자녀가 성장하듯이 노쇠해지면 자식의 다정한 말 한마디에 늙은 부모는 병을 이길 수 있는 힘이 생깁니다. 부모를 간호하면서 꼭 나을 수 있다는 확신을 가지고 정성을 다하십시오. 겨울에 병이 나는 노인네들이 많은데, 날이 풀리면 낫습니다. 해수병에 걸려 곧 죽을 것처럼 심한 기침에 시달리는 분들도 봄이 되면 낫는다는 확신을 주면 소생합니다.

부모님께 낫는다는 희망을 주면서 간병을 해야지, 반대로 "큰일났네, 아무개 할머니 증상이랑 똑같네. 그 할머니 몇 달 못 살고 죽었는데…." 하고 걱정을 하면 죽지 않을 사람 하나도 없습니다. 아프면 지푸라기라도 잡고 싶은 심정이라고 하지요. 그 말이 무슨 뜻이겠습니까? 사람이 병이 들면 말할 수 없이 약해집니다. 그렇기 때문에 작은 말 한마디도 상처 주는 말, 부정적인 말을 해서는 안 됩니다.

부모 간병할 때뿐만 아니라 이웃 친지 병문안 가서도 마찬가지입니다. 환자에게 희망을 주는 긍정적인 말을 할 자신이 없으면 차라리 병문안을 가지 않는 게 좋습니다. "아이고, 우리 형님 어쩌나." 하면서 위한답시고 한 말이 환자에게는 충격으로 작용해서 명줄을 앞당길 수도 있으니 말조심 못할 바에는 아예 가지 않는 게 환자를 도와주는 것입니다. 내가 아는 아주 유명한 사람과 문병을 갔는데, 눈물을 흘리면서 호들갑을 떠는 겁니다. 그래서 내가 명령조로 그치라고 했지요. 병문안 가서 우는 것은 큰 실례입니다. 환자가 안정을 취할 수 있게 해줘야지 오히려 불안하게 해서야 되겠습니까? 자비한 마음, 따뜻한 마음, 편안한 마음으로 대하면 환자도 그 힘을 받기 마련입니다.

여섯째, 부모가 불인(不仁)하여도 거역하지 말아야 합니다. 예를 들면, "이 놈 나가 죽어라. 너는 내 자식도 아니다. 천하에 불효막심한 놈." 하면서 막말을 하면 아무리 부모라 할지라도 화가 나고 거역하는 마음이 생기겠지요. 하지만 아무리 속상하고 억울한 마음이 든다 할지라도 끝까지 부모를 믿고 공경해야 한다는 겁니다.

간혹 부모가 치매에 걸려 억울한 소리를 하는 경우도 있을 것입니다. 그 또한 잘 살펴보면 평소 자기가 부모님을 서운하게 한 것이 뭉쳐져서 그렇게 막말을 하는 경우가 많습니다. 치매에 걸리지 않았더라도 노인네가 되면 서운한 게 많고 아이처럼 잘 삐지기도 합니다. 그럴 때마다 일단 부모의 마음이 평상심이 아니라는 것을 인정하고, 혹시 내가 불효를 해서 부모님이 저런 것은 아닌지 반성하고 평상심으로 돌아올 수 있도록 노력해야 합니다. 어질지 못한 부모를 어질게 변화시키는 것이 불자의 역할이자 보살의 행인 것입니다.

일곱째, 부모님이 돌아가시면 천도를 잘 해드려야 합니다. 돌아가신 뒤에 49재를 지내드리는 것에 앞서 살아계실 때 생전예수재(生前豫修齋)를 먼저 해드리는 게 좋습니다. 물론 형식적인 예수재가 아니라 살아계실 때 부처님 법문을 들을 수 있도록 자리를 마련해드리고, 인과법을 알게 하고 계율을 익히도록 힘써서 미리 미리 불법을 익히고 닦을 수 있도록 권하는 것입니다.

부모님이 삼보(三寶:부처님, 부처님의 가르침, 스님)를 부정하면 지극 정성으로 일깨워서 삼보를 믿게 하고, 인과(因果)를 믿게 해야 합니다. 한 번 해서 안 되면 두 번을 하고, 두 번 해서 안 되면 세 번, 네 번 계속 간절하게 해야 합니다.

한밤중 캄캄한 방에 등불을 밝히면 환해지듯이 인생도 마찬가지입니다. 진리를 믿지 않고 인과를 믿지 않는 삶은 어둠 속에 사는 것과 같습니다. 이생에 인간의 몸을 받은 것은 그나마 전생의 복덕 덕분인데, 이생에 지혜의 등불을 밝히지 않는다면 내생에 어떤 몸을 받을지 모릅니다. 천상의 하늘사람들도 복덕이 다하면 그 업에 따라 지옥으로 떨어질 수도 있는데 인간이야 말할 것도 없지요. '종교는 자유야' 라는 말로 무심하게 지나칠 일이 아닙니다. 부모님께서 신심을 내고 마음공부를 할 수 있도록 이끄는 것이야말로 최상의 효도라 할 수 있습니다.

　그런 연후에 돌아가신 뒤 49재를 잘 지내드려서 좋은 곳에 천도시켜야 합니다. 간혹 사람들이 묻습니다. "49재 잘 지내드리면 천도가 됩니까? 인연에 따라 천당이나 인간세상이나 축생의 몸으로 태어날 수도 있을 텐데 제사를 꼭 지내야 할 필요가 있습니까? 누가 제사를 받는 것입니까? 또 세상에는 제사를 지내지 않는 나라도 많고, 우리나라 같은 경우 제사를 거부하는 종교도 있지 않습니까?" 하고 묻는데, 답은 "제사를 잘 지내는 것이 좋다."입니다.

　왜 그러냐? 제삿날을 기억하고, 목욕재계하고 깨끗한 옷으로 갈아입고 제사음식을 정갈하게 장만하고, 제사상을 차려 온 가족이 모여서 절을 하고 부모와 조상을 기린다는 것 자체가 교육적으로 큰 가치가 있습니다. 자녀 교육을 따로 할 게 없습니다.

　또한 제사 때 가족끼리 모이니까 서로 화합하고 친목하고 대단한 결속력이 생깁니다. 아무리 바빠도 명절 때는 가족이 모이지 않습니까? 자기의 뿌리를 알게 한다는 것 자체가 깊은 의미가 있습니다. 자기의 뿌리가 분명하고, 뿌리를 제대로 아는 사람은 세상에 나가서 나쁜 짓을 하지 않습니다. 뿌리도 시원찮고 뿌리를 잃어버린 사람들이 되는 대로 막 살아가는 것입니다. 또 어떤 가치가 있느냐? 제사, 특히 시제는 고향에서 지냅니다. 우리나라 도회지에 사는 사람 대부분이 원적을 따지면 시골이 고향입니다.

　그럼 왜 고향을 떠나왔느냐? 보다 나은 삶을 살기 위해 청운의 꿈을 품고 상경을 한 겁니다. 공부하고 돈 벌고 출세하려고, 조금이라도 향상하려고 고향을 떠난 것이지요. 그 처음 뜻을 세운 것을 항상 잊지 않고 살아가는 사람은 조만간에 뜻을 이루고 향상의 삶을 살게 됩니다. 그래서 때때로 고향에 가야 합니다. 고향을 떠날 때 품었던 뜻, 그 장소를 확인하면서 또다시 뜻을 세우고 뜻을 이루기 위해 열심히 노력하다 보면 이루어지게 되어 있습니다.

유교니 불교니 따질 것 없이 제사를 지내야 합니다. 그것이 곧 부모 공경을 잘 하는 것입니다. 일제 강점기 때 제사를 지내지 못하게 탄압한 것도 다 그런 까닭에서입니다. 서로 모여서 조상의 뿌리를 찾고 단합하면 독립해야겠다는 뜻이 불타오르기 때문입니다. 그런데 자유당 이승만 정권 시절에도 은근히 제사를 못 지내게 했습니다. 이중과세니 뭐니 해서 신정을 위주로 정책을 펴서 정작 설 명절에는 쉬지도 못하게 했습니다. 하지만 가치가 있는 것은 정책적으로 막아도 살아남고, 가치가 없는 것은 아무리 장려를 해도 그때뿐입니다. 제사를 지내고 명절을 쇠는 것은 이 민족이 영원토록 계승해야 할 미풍인 것입니다.

그런데 문제가 하나 있어요. 언제부터인가 제사 음식 만드는 게 번거롭고, 명절에 차례 안 지내고 놀고 싶어서 종교까지 바꾼다는 얘기가 들려옵니다. 그런 말을 들으면 한심하기 짝이 없지만, 제사 음식에 대해서는 좀 더 간소화시킬 필요가 있습니다. 몇 년 전 풍기에 갔다가 제사 지내는 것을 보았는데, 음식을 산더미같이 쌓아 놓았어요. 요즘 젊은 며느리들한테 그 음식 장만하라면 다들 고개를 절레절레 흔들 겁니다. 그러니 개종한다는 얘기까지 나오는 겁니다.

유교식으로 제사상에 홍동백서니 육포, 어적, 육적이니 하는 게 다 그 시대가 만든 산물입니다. 평소에 못 먹는 것 제사 때 조상 핑계 대고 먹는 겁니다. 못 먹고 못 살던 시절인지라 음식을 풍성하게 차려서 제삿날이라도 배부르게 먹을 수 있도록 배려한 것입니다. 그런데 요새는 어디 그렇습니까? 날마다 제삿날처럼 맛있는 것 해먹습니다. 음식이 지천에 널려 있잖아요. 제사상을 간소화시켜야 합니다. 불교 신자들은 부처님께 공양 올리듯 육법공양을 하십시오. 이제부터라도 그 동안의 관습에서 벗어나 육법공양을 올리시기 바랍니다.

효도는 행복해지는 습관 가운데 으뜸 덕목입니다. FPQ(효도 지수)를 높이는 열 가지 효도법을 가슴 깊이 담으셨습니까? 제가 장담하건대 FPQ를 높이면 세상에서 가장 행복한 인생을 살아갈 수 있습니다. FPQ는 EQ(감성 지수), NQ(공존 지수), SQ(사회 지수), EnQ(엔터테인먼트 지수) 등을 총합한 것이기 때문입니다. FPQ가 높은 사람이 EQ도 높고 NQ, SQ도 높기 마련입니다. FPQ(효도 지수)를 높이는 사람들이 늘어가는 사회, 항상 안락하고 행복한 부처님 나라입니다.

마음으로 올리는 육법공양(六法供養)

부처님께서 "법공양은 부처님의 가르침대로 수행하는 것이며, 중생을 이롭게 하고 구하려는 보살의 뜻을 저버리지 않는 것이며, 깨닫고자 하는 마음을 잃지 않는 것"(화엄경)이라 하셨듯이 법공양이 공양 중의 으뜸입니다. 부처님 전에 공양 올리는 것을 육법공양이라 합니다. 향, 등, 차, 쌀, 과일, 꽃 등 이 여섯 가지 공양물을 올리며 부처님의 바른 법을 실천하겠다는 뜻을 나타내고 있기에 육법공양이라 하는 것입니다.

20년 전부터 불교TV 육법공양회(회장 : 묘엄행)가 결성되어 여법하고 아름답게 육법공양을 올리고 있습니다. 먼저 청의동자가 물을 뿌려 도량을 깨끗이 하는 의식을 하고, 홍의동녀가 꽃을 뿌려 도량을 장엄한 뒤에 선녀처럼 아름답게 차려입은 불자들이 여섯 가지 공양물(향, 등, 차, 미, 과일, 꽃)을 올리는 모습을 지켜보는 것만으로도 신심이 절로 납니다. 여섯 가지 공양이 갖고 있는 의미를 살펴보면 다음과 같습니다.

첫째, 향 공양, 향(香)은 스스로를 태워 주위를 맑게 하며, 속박에서 벗어나 자유자재한 경계에 이르는 해탈을 상징하므로 해탈향(解脫香)이라고도 합니다. 특히 향은 좋은 것을 써야 합니다.

둘째, 등 공양, 모든 사물의 도리를 분명히 꿰뚫어 보는 지혜(반야)와 광명, 찬탄을 상징하여 반야등(般若燈)이라고도 합니다.

셋째, 차 공양, 차(茶)는 생사를 초월한 열반의 경지를 상징하여 공양하므로 감로다(甘露茶)라고도 합니다.

넷째, 미 공양, 쌀(米)은 부처님의 가르침을 듣고 선정(禪定)을 통해 얻는 환희로운 마음을 상징하므로 선열미(禪悅米)라고도 합니다.

다섯째, 과일 공양, 과일(果)은 불교 최고의 이상인 깨달음을 상징하여 공양하므로 보리과(菩提果)라고도 합니다. 꽃이 피어 열매를 맺듯이 보살행을 하면 보리과가 맺어지는 것입니다.

여섯째, 꽃 공양, 꽃(花)은 아름다운 보살의 온갖 수행을 상징하여 공양하므로 만행화(萬行花)라고도 합니다. 동남아, 인도 여행을 다녀오신 분은 잘 아실 겁니다. 그 나라들은 부처님 전에 꽃 공양을 올리는 게 일상화되어 있습니다. 꽃잎만 올리기도 하고, 연꽃 같은 경우 줄기까지 올리고, 꽃다발을 올리기도 합니다.

이와 같이 제사 때도 육법공양을 올리면 아주 좋습니다. 법다워서 좋고, 요즘같이 너나 나나 일 많은 사람들 일 없어서 좋습니다.

아주 유명한 절 얘기인데, 도사라고 소문난 그 절 주지스님이 신도들에게 제사 지낼 때 이것저것 놓지 말고 떡 하나만 놓고 지내라고 시켰답니다. 신도들 중 큰며느리들이 좋아서 춤을 출 지경이었겠지요. 그런데 동서들이 제사 지내고 돌아갈 때마다 “우리 형님이 변했어. 일하기 싫어서 제사 음식도 안 차리고….” 하면서 한마디씩 욕을 했다고 합니다.

이래서는 안 됩니다. 가족 간의 화합이 깨지기 때문입니다. 형제들의 입맛에 맞는 음식을 정성스럽게 장만해서 나눠 먹어야 합니다. 맛있는 음식을 먹으면서 얘기를 나누다 보면 서로 마음이 열리잖습니까. 예부터 맏이, 또 맏며느리는 하늘이 낸다고 했습니다. 그만큼 힘이 든다는 얘기입니다. 대소사를 챙겨도 맏이가 챙길 게 많습니다. 잘해도 욕을 먹고 못하면 더욱 욕을 먹는 게 맏이입니다.

그런데 욕 안 먹고 복을 더 크게 짓는 아주 쉬운 비결이 있습니다. 마음과 물질을 넉넉하게 베푸십시오. 대신 베풀었다는 상을 내면 또 안 됩니다. 더 크게 욕을 먹습니다. 생색 내지 말고, 말 많이 하지 말고, 상대방의 주머니를 채워주면 다들 좋아합니다. ‘그럼 너무 억울하지 않느냐, 왜 나만 베풀어야 하느냐’ 하며 불평하는 맏이들도 있을 텐데, 절대 공것은 없습니다. 당장 눈에 보이지는 않더라도 베푼 것은 더 크게 돌아오는 것이 자연의 이치입니다. 훗날 자손이 잘 되어도 잘 됩니다.

모든 공양은 마음에서 비롯됩니다. 마음을 다른 데 두고 눈에 보이는 것만 풍성히 한다고 공양이 되는 것이 아닙니다. 내가 여기 있게 된 데 대한 은혜를 갚아야 한다고 생각하면 갚을 일이 너무나 많습니다.

은혜를 갚으며 살아가면 그대로 보살이 됩니다. 부모를 봉양하는 것도 제사를 지내는 것도 보살행입니다. 예전에 어른들이 말씀하실 때 막 돼먹은 이를 보면 "사람이 아니여."라는 말씀을 자주 하셨습니다. 그와 마찬가지로 불교집안에서 점잖게 욕하는 것이 "아, 그 사람 보살인 줄 알았더니 아니여."라는 것입니다. 이게 사실은 큰 욕입니다. 보살이 아니면 마구니밖에 더 있습니까?

모든 분들이 보살이 되어 살 때 가정이 화평하고 사회가 편안해집니다. 이 세상 은혜 갚기 위해 태어났다는 것을 잊지 말고 보은의 삶을 살면 모든 중생이 행복해집니다. 인생의 큰 보람이 바로 은혜 갚는 삶에 있고, 불국토 건설의 비결 또한 바로 그 은혜 갚는 데에 있습니다.

고통을 행복으로 바꾸는 법

고통에서 벗어나는 길

우리 인생에서 가장 절절한 문제가 무엇이겠습니까? 아니 가장 시급하게 해결해야 할 문제가 무엇인가 묻는 것이 더 적절할 것입니다. 생로병사(生老病死)입니다. 인간의 근본고통인 생로병사를 해결하는 것보다 더 급한 것은 없습니다. 부처님께서 출가하신 까닭도 이 생로병사의 고통에서 벗어나는 길을 찾기 위함이었습니다. 그래서 부처님의 생애에서 가장 중요한 여덟 가지 모습인 팔상성도(八相成道)에서도 사문유관(四門遊觀)을 아주 중요하게 다루고 있는 것입니다.

인도 카필라 성에서 왕자로 태어나신 부처님께서는 참으로 행복한 어린 시절을 보냈습니다. 특히 부처님의 아버님인 정반왕은 고타마 싯다르타(모든 것이 다 이루어진다는 뜻을 가진 부처님의 어릴 적 이름) 왕자가 안락하게 지낼 수 있도록 온 정성을 기울였습니다. 싯다르타 왕자가 태어났을 때 그 당시 최고로 존경 받았던 아시타 선인이 왕자의 관상을 보고 전륜성왕이 되거나 아니면 출가해서 부처님이 될 것이라는 예언을 했기 때문입니다.

정반왕의 소원은 싯다르타 왕자가 전륜성왕이 되어 카필라 국을 부강하게 만드는 것이었기 때문에 세속을 떠나 출가할 만한 원인을 만들지 않기 위해서 아주 작은 것까지도 세심하게 배려를 하였습니다. 더운 여름에는 시원한 곳에 여름궁전을 지어주고, 추운 겨울에는 따뜻한 곳에 겨울궁전을 지어주는 등 최상의 환경을 만들어 주었습니다. 그래서 싯다르타 왕자는 괴롭고 불쾌한 일은 거의 경험해 본 적이 없었습니다.

하지만 어린 싯다르타는 사색적인 소년이었습니다. 어쩌면 일주일 만에 어머니인 마야 부인이 돌아가셨기 때문인지도 모릅니다. 아무리 친이모이자 양모인 마하파사파제 부인과 시녀들이 잘 돌봐 준다 한들 친어머니에 대한 그리움을 없애기에는 역부족이었을 것입니다.

싯다르타의 고뇌

어린 싯다르타는 감수성이 예민하고 자비심이 깊었습니다. 부처님의 생애에 의하면, 농경제 행사에 가서 안타까워하며 고민하던 어린 싯다르타의 모습이 잘 그려져 있습니다.

카필라 국은 농사를 짓는 농경국가였기 때문에 씨를 뿌리는 파종식을 왕과 대신들이 참석한 가운데 국가적인 행사로 치렀습니다. 그때 왕자인 싯다르타도 당연히 참석했지요. 그런데 파종식에 참석할 때마다 싯다르타 왕자는 농민들의 모습을 보면서 고민하지 않을 수 없었습니다. 땀을 뻘뻘 흘리며 농사를 짓는 사람들이 힘들어 보였기 때문입니다. 또한 농민의 괭이질에 죽어가는 벌레들도 말할 수 없이 불쌍했습니다. 그리고 벌레를 잡아먹는 개구리, 개구리를 잡아먹는 뱀, 멀리서 독수리가 날아와 뱀을 낚아채 가는 모습, 먹고 먹히는 먹이사슬을 보면서 명상에 잠겼습니다.

경전에 의하면, 그때 싯다르타 왕자는 다음과 같이 생각하였다고 합니다.

'어리석은 이들은 남이 병든 것을 보면 싫어하면서도 자기를 돌아보지 않는다. 병을 피할 수 없고 언젠가 병들 몸이면서도 자기를 돌아보지 않는다. 병을 피할 수 없고, 언젠가 병들 자기이면서도 병든 사람을 싫어한다. 그러나 나는 병을 피할 수 없고, 언젠가는 내가 병들 것을 알고 있다. 그러므로 병든 사람을 싫어해서는 안 된다. 나와 다름이 없기 때문이다. 지금 병들지 않았다고 해서 자만하면 반드시 자멸할 것이다.

또 어리석은 이들은 늙는 것을 피할 수 없으면서 늙은이를 싫어하고, 자신의 일은 돌아보려 하지 않는다. 그러나 나는 늙는 것을 피할 수 없고, 언젠가는 늙을 것을 알기 때문에 늙은이를 싫어하지 않는다. 나와 같기 때문이다. 지금 젊고 앞날이 창창하다고 해서 자만하면 자멸할 것이다.

어리석은 이들은 지금 병들지 않았기 때문에, 건강하기 때문에, 젊고 앞날이 창창하다고 해서 멋대로 생활하고, 욕망에 맡겨 어리석게 행동하며, 종교생활을 하려고 하지 않는다.'

살아있는 것들의 고통스러운 삶에 관심을 갖고 틈이 날 때마다 명상을 하게 된 싯다르타 왕자가 어느 날 교외의 별궁으로 놀러갔습니다. 싯다르타 왕자가 나무 아래에 앉아 명상을 하고 있는 모습을 보고 깜짝 놀란 정반왕은 왕자가 별궁으로 놀러간다는 소식을 듣고 철저하게 주의를 시킵니다. 왕자가 지나는 길에 노인과 병든 사람은 물론이고 불구자를 보게 해서는 절대 안 된다고 엄하게 명령하였지요.

하지만 싯다르타 왕자의 출가 인연이 무르익었음을 알고 정거천(淨居天:不還果를 얻은 성인이 나는 하늘나라)에서 내려온 하늘사람이 노인의 모습으로 변화하여 늙음의 고통을 보여주었습니다. 왕자는 동쪽 성문에서 노인을 보았습니다. 비틀거리는 노인의 얼굴은 주름져 일그러졌고, 허리는 굽어져 휘청휘청 금방이라도 쓰러질 것 같았으며, 머리털은 희고, 이는 다 빠졌으며, 눈에는 눈곱이 끼고 콧물과 침까지 흘리고 있는 노인의 모습은 차마 바라보기 힘들 정도였습니다. 왕자는 세상에 태어나서 처음으로 노인의 모습을 보고 어찌하여 저런 모습을 하고 있느냐고 마부에게 묻습니다.

"저 사람은 늙은이입니다. 사람은 누구나 나이가 들면 마침내 점점 쇠약해져 몸은 가누기 힘들고 모습은 추해집니다. 모든 사람은 저 사람처럼 늙는 것을 피할 수 없습니다."

태어나면 누구나 저렇듯 처절하게 늙는다, 늙음이야말로 큰 재앙이라는 것을 알고 왕자는 말할 수 없이 슬퍼졌습니다.

며칠 후 왕자는 남쪽 성문에서 가쁜 숨을 몰아쉬며 콜록대는 병든 사람을 보았습니다. 몸은 야위었고, 얼굴은 일그러진 채 병자는 고통을 이기지 못해 신음 소리를 내고 있었습니다.

"저 사람은 병든 사람입니다. 사람은 누구나 병이 들어 죽습니다."라는 마부의 말을 듣고 왕자는 우울해졌습니다. 머지않아 늙고 병들 것이 아닌가 생각하니 괴로움이 사무쳤습니다.

그로부터 며칠 후 왕자는 서쪽 성문에서 장례 행렬을 만났습니다. 친척들이 뒤따라가며 슬피 통곡하며 울부짖는 장례 행렬을 보는 순간 왕자의 눈에도 눈물이 흘렀습니다. 인간의 목숨은 마치 풀잎의 이슬과 같아 순간에 스러지는 것, 죽으면 부모 형제와 영영 헤어져야 한다는 것을 알고는 놀란 가슴을 억누를 수 없었습니다.

싯다르타 왕자는 세상에 태어난 이는 누구나 늙고 병들고 죽는다는 것을 알고는 명상에 잠기는 날이 많아졌습니다. 그 후 어느 날 북쪽 성문에서 훌륭한 모습의 수행자를 보았습니다. 훌륭한 용모를 한 수행자의 맑은 모습은 바라다보는 것만으로도 존경심이 생겼습니다. 왕자는 자신도 모르게 수레에서 내려와 인사를 하면서 출가를 하면 무슨 이익이 있는지를 수행자에게 물었습니다.

"저는 집에 있을 때 늙고 병들고 죽는 것을 수없이 보았기 때문에 삶이 무상하고 고통스러운 것을 알았습니다. 인간 세상에 취할 것이 하나도 없음을 알았습니다. 인간의 삶은 그 자체가 고통입니다. 그래서 집을 떠나 수행을 하여 그 고통을 초월하기 위해 노력하고 있습니다. 저는 바른 법을 실천하고 관능을 정복하고, 대자비를 일으켜 사람들의 마음을 편안하게 해 주며, 마음과 행동이 조화되고, 중생을 호념하고, 세간의 더러운 것에 물들지 아니하여, 나고 늙고 병들고 죽는 일에서 영원히 해탈하고자 합니다."

라는 스님의 말씀을 듣고 싯다르타 왕자는 환희 찬탄하며 마음속으로 출가하리라 결심하였습니다.

생로병사의 사슬을 푸는
열쇠는 무엇인가?

나고 늙고 병들고 죽는 것이 두려워서, 그 생로병사의 고통을 해결하기 위하여 부처님께서는 외아들 라후라와 사랑하는 아내 야소다라를 남겨두고 출가하셨습니다. "위대한 깨달음을 얻기 전까지는 결코 고향 땅을 밟지 않으리라."는 결연한 의지로 사랑하는 인연을 뒤로 한 채 고행의 길로 들어선 부처님의 출가는 진실로 새로운 세계가 열림을 보여주는 것입니다.

"무엇이 이 삶을 고통으로 이끄는가. 어떻게 이 고통을 극복할 수 있는가. 삶과 죽음의 시작과 끝은 무엇인가. 이 세상의 모든 존재들이 죽고 다시 태어나야 하는 윤회의 사슬을 푸는 열쇠는 무엇인가?"

부처님께서는 인도 천지의 구도자들을 찾아다니면서 진리를 묻고 갖은 수행을 하였습니다. 그런데 그 많은 구도자들 중에 생로병사의 고통에서 벗어나는 길을 아는 사람이 한 명도 없었습니다. 또한 구도자들이 가르쳐주는 대로 아무리 피눈물 나게 수행해도 생로병사의 고통에서 벗어날 수 없었습니다.

6년 동안 먹지도 않고 자지도 않고 목욕도 하지 않으면서 오로지 수행에만 힘쓰셨습니다. 뼈가 다 드러나 있는, 마치 해골 같은 부처님 6년 고행상을 보셨을 것입니다. 6년 고행을 하시면서 깨달으신 것은 몸을 너무 혹사하는 것이 오히려 수행에 장애가 된다는 것이었습니다. 그래서 니련선하에서 몸을 씻고 지나가던 수자타에게 우유죽을 얻어 드시고 기운을 차렸습니다. 그리곤 보리수 나무 아래 길상초를 깔고 앉아 "깨달음을 이루기 전에는 결코 이 자리에서 일어서지 않으리라."고 맹세하였습니다. 부처님께서는 7일 동안 제 1선정에 드시고, 2선정, 3선정, 4선정에 드셨습니다.

우리의 진실 실상은 아주 깊이 자리하고 있습니다. 우리가 가진 의식이라는 것은 껍데기입니다. 보고 듣고 하는 것을 반연인식이라고 합니다. 불교에서는 의식을 5식, 6식, 7식, 8식으로 나누어 설명합니다. 식에도 깊이가 있는 것입니다. 쉽게 예를 들어, 가시가 붙어있는 밤송이 껍데기 있지요. 우리가 보고 듣고 말하고 분별하는 것은 껍데기 정도입니다. 속 알맹이인 밤알은 아니라는 겁니다. 가시에 찔려가

며 벗겨보면 또 단단한 껍데기가 있지요. 그게 아상, 인상, 중생상, 수
자상이라 하는 4상입니다. 또 겨우 벗겨버리면 보늬라는 더 고약한 놈
이 버티고 있어요. 그놈이 있으면 떫어서 먹지도 못하지요. 그걸 7식
이라고 합시다. 그것까지 벗겨내야 알밤이 나옵니다. 알밤을 8식이라
고 할 수 있습니다.

우리가 보고 듣고 느끼고 말하는 것은 5식이요, 상상해서 만들어
내는 것은 6식이요, 잠잘 때는 오감과 육감밖에 없는데 제 마음대로
하는 게 7식이요, 내면 깊숙이 자리한 순수한 실상자리, 진리자리가 8
식입니다. 부처님께서 7일 동안 앉아서 밤 껍데기도 벗겨버리고, 딱딱
한 밤 껍질도 벗겨버리고 떫은 보늬도 벗겨버리고 나서 실지 자리를
보니까 생로병사가 없는 겁니다.

부처님께서는 고집멸도(苦集滅道) 사성제(四聖諦), 팔정도(八正
道), 십이인연(十二因緣), 중도(中道), 윤회(輪廻)의 실상을 깨닫고, 제
자들에게 생로병사는 본래 없다고 가르쳐 주셨습니다. 그런데 제자들
이 믿지를 못합니다. 사람들이 병들고 죽는 게 분명한데 무슨 말씀이
냐고 여쭙습니다. 부처님께서는 "눈병이 난 사람은 눈을 한참 비비면
허공에 꽃이 있다고 한다. 눈병이 나지 않은 사람은 허공에 꽃이 없다
는 것을 아는데, 눈병 난 사람에게는 아무리 해도 설명할 수 없다. 그
대도 눈병이 나으면 알 거다."라고 하셨습니다.

부처님께서는 생로병사의 고통에서 벗어나는 길을 펼쳐놓으셨습

니다. 이 길은 몇몇 특출한 사람만 갈 수 있는 길이 아니라 누구든지 쉽게 행할 수 있는 광명천지의 탄탄대로입니다. 부처님께서 말씀하신 대로 그 길을 걸으면 됩니다. 그런데 어찌해서 이 길을 마다하고 좁은 길, 어두운 길, 가시밭길에서 헤매고 있는지 알 수가 없습니다. 그러면서 '어둡네, 좁네, 아프네' 하며 아우성치는지 모르겠습니다.

부처님께서 진리를 깨닫고 나서 하신 첫 말씀이 "희유하고 희유하도다. 일체 중생이 다 불성을 갖고 있구나."라는 것입니다. 부처님의 말씀은 우리 인류에게 전한 가장 행복한 희망의 메시지입니다. 우리 모두가 부처가 될 수 있는 씨앗이라는 것입니다.

100마리째 원숭이 효과

'일체 중생 동시성불(同時成佛)'이라, 부처님께서 성불하실 때 일체 중생이 다 같이 성불했다는 말씀도 하셨습니다. 이걸 믿어야 합니다. 여러분, 고구마를 씻어 먹는 원숭이 얘기를 알고 계시죠? 모르는 분들을 위해 잠시 말씀드리면 다음과 같습니다.

1950년 일본의 미야자키 현 고지마라는 섬에서 일어난 일이라고 합니다. 그 곳에는 원숭이가 20여 마리 살고 있었습니다. 어느 날 젊은 원숭이 한 마리가 고구마를 씻어 먹기 시작했답니다. 그러자, 다른 원숭이들이 하나 둘씩 고구마를 씻어먹는 것을 따라 하기 시작했습니다. 얼마 지나지 않아 고지마라는 무인도에는 '씻어 먹는 것'이 원숭이들의 새로운 행동 양식으로 정착하게 된 것입니다.

그런데 고구마를 씻어 먹는 원숭이 수가 어느 정도 늘어나자 이번에는 고지마 섬이 아닌 다른 지역의 원숭이들 사이에서도 동시 다발적으로 씻어먹는 것입니다. 인근지역뿐만 아니라 고지마 섬에서 멀리 떨어진 다카자키 산에 서식하는 원숭이들까지 고구마를 씻어먹기 시작했답니다. 원숭이들 간에 전혀 접촉이 없었고, 서로 연락을 취할 수도 없고, 의사 소통도 할 수 없는 상황 아닙니까? 신비하게도 마치 원숭이들이 신호를 보내기라도 한 것처럼 고구마를 씻어먹는 행동을 하는 것입니다.

미국의 과학자 라이올 왓슨은 어떤 행위를 하는 수가 어느 정도 양이 되면 그 행동은 그 집단에만 국한되지 않고, 공간을 초월하여 순식간에 확산되어 가는 불가사의한 현상을 100마리째 원숭이 효과라고 정의합니다.

이 100마리째 원숭이 효과에 대한 연구결과를 보면서 무릎을 탁 쳤습니다. 부처님께서 '일체 중생 동시성불'이라고 하신 말씀이 과학적으로 증명되는 것 같아 기뻤습니다. 부처님께서 깨닫고 나서 맨 처음 녹야원에서 5비구를 대상으로 법륜을 굴리셨을 때, "콘단냐가 깨달았다, 콘단냐가 깨달았다."고 하시며 기뻐하는 부처님의 모습을 경전에서 보았을 것입니다. 콘단냐의 깨달음은 콘단냐 한 사람의 것이 아니라 일체 중생 모두의 것이기 때문입니다. 5비구, 야사와 50명의 제자들, 500제자, 1,250제자들이 아라한의 경지에 이르렀을 때 국왕을 위시하여 수많은 인도 사람들 가운데 불법을 깨닫는 이들이 늘어갔습니다.

결론적으로 부처님께서 말씀하신 것은 우리 모두 생로병사의 고통에서 벗어났다는 것입니다. 이미 졸업했다는 말입니다. 좀 차원은 다르지만, 기독교에서도 예수가 십자가를 짊어지지 않았습니까? 또 최근에 전 세계적으로 활동하고 있는 '청해 무상사'라는 수행자도 "나는 인도, 티베트, 히말라야 등에 가서 많은 수행자들에게 배워가며 수행하였습니다. 나는 공부를 다 하고 온 사람입니다. 여러분은 고생을 하지 않아도 됩니다. 내 말씀만 듣고 실천하면 됩니다."라고 하더군요.

우리도 고생할 필요가 없습니다. 부처님께서 깨달으셨을 때 생로병사의 고통에서 벗어나고, 인생 공부 다 졸업한 것입니다. 부처님께서 말씀해 주신 사제, 팔정도, 육바라밀을 실천하기만 하면 됩니다. 인생이란 우리가 부처님과 똑같은 불성 존재임을 인식하고 부처 행을 하면서 살아갈 때 의미가 있는 것입니다. 우리가 평생공부를 하는 이유도 '우리 모두가 부처다'라는 하나의 생명공동체임을 깨닫는 것입니다. 부처님 말씀을 더 많은 사람들에게 전해서 스스로 부처가 되어 살 수 있도록 도와야 합니다. 하지만 사람들은 세세생생부터 익혀온 잘못된 중생이라는 습관 때문에 계속 중생으로 살아가려 합니다. 그런데 대부분의 사람들이 깨닫기는 쉽지 않지만, 100마리째 원숭이 효과처럼 어느 정도 깨달은 사람들이 늘어나면 한꺼번에 모두가 깨달을 수 있는 것입니다. 우리가 전법을 열심히 하고 부처님의 말씀대로 살아야 할 까닭이 바로 거기에 있습니다. 세상을 불국토로 만드는 것, 그 아름답고 찬란한 변화가 바로 우리 마음, 우리 행동 여하에 달려 있습니다.

긍정적인 생각과 부정적인 생각의 차이

우리는 겉으로 보이는 것처럼 어리석지도 않고, 흔들리는 갈대도 아닙니다. 우리는 부처가 될 수 있는 성품을 지닌 존재입니다. 아니 이 몸 그대로 부처입니다. 사람에게 가장 중요한 것은 가치관이라 할 수 있습니다. 사람을 죄인이요, 종이라고 인식하며 사는 것과 부처가 될 훌륭한 존재로 인식하고 사는 것이 어찌 같을 수 있겠습니까? 삶의 차원이 다릅니다.

예를 들면, 어떤 사람이 나쁜 행동을 저질렀을 때, '세상에 어떻게 사람이 저럴 수가 있지. 가해자나 피해자나 본래 부처의 덕성이 있는데 어떻게…'라고 하는 사고방식과 '원죄를 갖고 태어났으니까 그럴 수밖에 없지. 사람은 어쩔 수 없어.'라는 것은 하늘과 땅 차이입니다. 이는 다르게 표현하면 긍정적인 생각과 부정적인 생각의 차이라고 할 수도 있습니다. 부처님께서 깨닫고 나서 "희유하고 희유하도다. 일체 중생이 다 불성을 갖고 있구나."라고 첫 일성을 터뜨리신 것은 긍정적인 생각의 발원지입니다.

불교에서도 믿음을 강조하는데, 불교의 믿음은 부처님을 믿고 관세음보살님, 문수보살님, 보현보살님 등을 무조건 맹목적으로 믿고 의지하는 게 아닙니다. 불교에서 강조하는 믿음은 우리 모두가 부처의 성품을 지니고 있다는 것, 부처가 될 수 있다는 것, 아니 우리 중생이 곧 부처임을 확실하게 믿는 것입니다.

거듭 강조하건대, 비록 겉으로 보기에 못나고 어리석어 보이는 사람일지라도 우리는 모두 부처의 성품을 지니고 있습니다. 하지만 씨앗을 상자에 처박아두면 그냥 씨앗에 불과합니다. 씨앗에 물을 주고 갖가지 영양분을 주고 햇볕과 공기 등을 적절히 쐬어주며 사랑으로 키워야 결실을 잘 맺듯이 열심히 수행 정진해야 합니다. 아기가 자라면 누구나 어른이 됩니다. 그렇지만 인격을 갖춘 진정한 어른으로 성장하기 위해서는 일생 동안 다양한 노력을 해야 하는 것과 마찬가지 이치입니다.

부처님께서는 열반에 드시면서 간곡하게 당부하셨습니다.

"내가 떠난 뒤 각자 자기 자신을 등불로 삼고 자기 자신에게 의지할 것이며, 다른 것에 의지해서는 안 된다. 불법을 등불로 삼을 것이며, 다른 삿된 가르침에 의지해서는 안 된다."

"나는 내 생애 후반 45년 동안 설하고자 하는 것은 모두 설하였고, 하고자 하던 일들을 모두 다 했다. 내가 비밀히 감춘 것은 아무것도 없다. 안도 없고 겉도 없고 모두를 완전히 다 말하였다. 이제 내 마지막 순간이 다가왔다. 지금부터 나는 열반에 들 것이다. 부처의 본질은 육체가 아니고 깨달음이다. 육체는 여기서 소멸되어도 깨달음은 영원히 법과 도로서 살아있을 것이다. 그러므로 내 육체를 보는 자는 나를 바로 보는 자가 아니고, 내 가르침을 아는 자가 진실로 나를 아는 자이다."

라고 말씀하신 뒤 영원한 무여열반에 드셨습니다. 부처님께서 마지막까지 강조하신 말씀이 자등명 법등명입니다. 자기를 등불로 삼으라는 말씀은 곧 우리가 그대로 청정한 법신(法身), 즉 부처임을 알라는 것입니다.

우리는 모두 성불한 몸임을 깨닫기 위해 이 세상에 온 우주진화 지구학교의 학생이라는 것을 명심하십시오. 열심히 우리에게 본래 구족된 덕성을 깨닫고 그 능력을 한껏 발휘하여 헌신과 봉사의 삶을 살아가는 것이 바로 우리 불자들의 삶이라는 것을 자각하고, 부처로서의 삶, 주인공으로서의 삶을 살아가시길 빕니다.

나는 이대로 완전하다

"나는 이대로 완전함, 내 인생의 모든 일이 나의 궁극적 목표를 향해 진행되고 있다. 나는 사랑받는 사람 나는 곧 보살입니다."

라고 상상하고, 믿고, 그렇게 된다는 강한 집념, 성취를 확신하십시오. 그러한 생각이 저 깊은 잠재의식까지 스며들면 반드시 실현되게 되어있습니다. 마음은 모든 일의 근본입니다. 마음이 주인입니다. 마음이 모든 일을 시키나니 마음속에 착한 일을 생각하면 그 말과 행동 또한 착해집니다. 마치 형체를 따르는 그림자처럼 즐겁고 행복해집니다. 마음을 선함으로 무장한 연후에 염불, 참선 등 수행도 해야 하고, 경전을 보고 정진해야 합니다.

또한 마음공부를 하는 사람은 세속적으로 하찮은 일에서 벗어나 단순하게 살아야 합니다. 사방팔방 늘어놓은 인연에 끄달려 이러지도 저러지도 못하면 마음공부를 제대로 할 수 없습니다. 제가 아는 어떤 분은 정년퇴직 후 언제 어느 때라도 수행하러 떠나기 위해 살던 집도 팔고 전세를 얻었다고 합니다. 그분은 집에 묶여서 외출도 제대로 못 하는 분들, 늙어서까지 재물에 집착하는 사람들과는 아주 다른 차원의 삶을 사는 것입니다. 그분의 말씀을 들으면서 부처님 당시의 일화가 생각나 미소가 절로 나왔습니다.

어느 날 부처님께서 길을 가다가 어느 부잣집에 들르게 되었습니다. 부처님은 잘 아시다시피 6신통(천안통 · 천이통 · 타심통 · 숙명통 · 신족통 · 누진통)이 열리셔서 사람을 척 보면 전생의 일은 물론이고 내생 일, 현생에 언제 어느 때 어떻게 살다가 언제 운명할지를 다 아셨습니다. 부처님께서 그 집 주인을 보니 명이 얼마 남지 않았습니다. 임종 시에 아미타불을 10번만 염불해도 극락왕생할 수 있다는 말이 있을 정도로 운명할 때의 마음가짐이 아주 중요합니다. 그래 부처님께서 그 집 주인에게 잠시 시간을 내달라고 하였습니다. 그런데 그 집 주인은 집 짓는 것에만 정신이 팔려 부처님 말씀은 안중에도 없었습니다. "부처님, 지금 제가 굉장히 바쁘거든요. 나중에 들려주세요."라고 말하면서 끝내 부처님의 말씀을 듣지 않았습니다. 부처님께서는 집주인에게 아무 말씀도 못해 주고, 그 집에서 나오셨지요. 부처님도 인연 없는 중생에게는 법을 전할 수 없었던 것입니다. 얼마 지나지 않아 공사하던 집의 지붕이 내려앉아 그 집 주인이 깔려서 죽었습니다.

- 『백유경』

우리들의 삶도 집짓기에만 열중하는 그 집 주인과 다르지 않은 것 같습니다. '나중에 시간 나면 절에 가야지, 돈 좀 더 벌고 나서 마음공부 해야지' 하면서 늘 미루다가 저 세상으로 가는 경우가 태반입니다.

"부서진 수레는 갈 수 없고, 늙으면 닦기 힘들다(破車不行 老人不修)."고 하신 원효 스님의 말씀을 귀담아 들어야 합니다. 좋은 시절 어영부영 다 보내고, "건강 때문에 훌훌 떠날 수 없다, 진작 스님 말씀을 들을 걸, 지금에 와서 후회됩니다."라며 안타까워하는 사람들을 자주 만납니다. 실제로 공부도 젊은 날 힘 있을 때 해야 성취하기 쉽습니다. 나중으로 미루고 미루다 보면 언제 염라대왕이 잡으러 올지 모릅니다. 이 세상에 태어나는 것은 앞뒤가 있지만 가는 것은 누가 먼저 갈지 모릅니다. 그렇기 때문에 바로 순간 순간 최선을 다해 살아야 합니다. 삶 자체가 마음공부의 연장선상에 있어야 한다는 말입니다.

앞에서도 강조하였지만, 수행을 하기 위해서라도 평소 건강을 지켜야 합니다. 그래서 평소 법문할 때마다 자연건강법에 대해 시시콜콜 얘기해 주는 것입니다. 건강을 잃으면 모든 것을 잃기 때문입니다. 건강해야 수행도 할 수 있고, 전법도 할 수 있기 때문입니다. 때로는 법회에 참석한 신도 분 중에 한의사를 법석으로 불러들여 즉석에서 건강 강의를 해달라고 요청하는 경우도 있습니다. 전문가인 한의사의 말이라면 더욱 신임을 하기 때문입니다.

건강한 사람은 건강에 대한 생각조차 하지 않는 경우가 태반입니다. 하지만 건강은 건강할 때 지켜야 합니다. "건강한 자는 모든 희망을 안고, 희망을 가진 자는 모든 꿈을 이룬다."는 아라비아 격언처럼 건강하면 모든 것을 이룰 수 있습니다. 부처님께서도 육년 고행을 거두시고, 유미죽을 드시고 건강을 회복하신 후 보리수 아래에서 진리를 깨달으신 부처님의 생애에서도 교훈을 얻을 수 있습니다. 모든 이로 하여금 병에서 벗어나 행복한 삶을 영위하고 제대로 수행할 수 있도록 건강 선언을 만들어보았습니다.

1) 우리 건강생활이 모범이 되어 모든 사람이 본받을 수 있도록 스스로 정진하고 적극 장려한다.
2) 우리가 추구하는 건강은 방편이요, 목적은 진리 구현에 있으므로 병자를 도와 헌신 봉사한다.
3) 우리는 인류를 침해하는 질병과 공해를 일소하여 행복과 평화로운 사회건설에 매진한다.

예나 지금이나 건강은 모든 사람들의 가장 큰 관심사입니다. 이게 좋다 저게 좋다 수많은 말들이 설왕설래하고 있지만 음식, 운동, 호흡 등 어느 한 가지로 많은 병을 고칠 수는 없습니다.

한편 왜 건강해야 하는가? 건강에 대한 목적이 중요합니다. 우리가 건강을 추구하는 것은 막연히 오래 살고자 함이 아닙니다. 진리를 실현코자 함입니다. 자기 완성, 곧 불성을 깨닫기 위함입니다. 또한 남을 돕고 이익 되게 하고 행복하게 해 주는 이타행(利他行)을 실천하기 위해 수행한다는 것을 알아야 합니다.

우리 불자들은 부처님의 생애를 그대로 닮으려고 노력하면서 살면 됩니다. 부처님께서는 생로병사의 근원적인 고통에서 벗어나기 위해, 고통 속에 빠져서 허덕이는 중생들을 구원하기 위해 왕자의 지위를 벗어버리고 출가하셨습니다. 부처님께서 만일 자기에게 주어진 운명에 순응하는 분이었다면 그저 한 나라의 왕으로, 아, 전륜성왕의 상(相)을 지니고 복덕을 가지셨으니, 수많은 나라를 복속시키고 쥐락펴락하는 권력을 가지고 부귀영화를 누리다 가셨을 것입니다.

그런데 부처님은 전륜성왕의 길을 포기하셨습니다. 그리고 인간에게 본래 갖추어진 무한한 능력을 계발하여 부처님이 되시어 온 우주의 진리를 깨치셨습니다. 그리고 한평생 우리 중생들을 위하여 진리를 전해 주셨습니다.

부처님은 알고 보면 세상에서 가장 욕심이 크신 분입니다. 큰 욕심은 달리 표현하면 대원력(大願力)입니다. 우리도 부처님처럼 대원력을 발하여 우리 안에 깃든 불성을 꽃피웁시다. 그리고 한평생 우리 중생들에게 법을 전하시기 위해 80세를 일기로 반열반(般涅槃)에 드시기 전까지도 전도여행을 하신 것처럼 열심히 전법합시다.

그러기 위해서는 일차적으로 자신의 심신이 건강해야 합니다. 건강을 잃으면 진리 구현에 가장 큰 장애가 됩니다. 행복해지는 습관도 익히기 힘듭니다. 마음 건강, 몸 건강을 챙기면서 자기 안에 본래 구족한 불성을 찾는 여행을 떠납시다. 생로병사로 점철된 우리의 삶을 고통이 아닌 불성을 체득하고 행복해지는 습관을 익히는 절호의 기회로 만드는 여행을 떠나봅시다.

우리는 건강한 사람

1. 건강한 사람은 자아의식이 확대되어 있다.
2. 건강한 사람은 남과의 인간관계가 원만하다.
3. 건강한 사람은 정서적으로 안정되어 있다.
4. 건강한 사람은 자신을 객관화할 수 있다.
5. 건강한 사람은 현실적으로 지각할 수 있다.
6. 건강한 사람은 통일된 삶의 철학을 갖는다.
7. 건강한 사람은 기술과 과업을 가지고 있다.

사랑받기 위해 태어난 인생

태교를 잘한 아이가
행복 지수, 성공 지수가 높다

이즈음 출판계의 최대 화두는 '행복'이었다고 합니다. 세상사람 누구나 행복을 추구하고 있으니 그리 별스런 일도 아닙니다.

여러분은 행복하십니까? 지금 바로 서 있는 자리에서 행복하시다면 참으로 인생을 잘 사신 것입니다. 하지만 항상 행복감을 느끼시는 분들보다는 언젠가 어느 순간은 행복했는데 지금은 별로 행복한 것 같지 않다는 분들이 더 많습니다.

어떻게 하면 행복해질까요?

뇌를 알면 행복이 보인다고도 하고 명상을 하면 행복해진다고도 하고, 부자가 되면, 명예를 얻으면 행복하다는 사람도 있을 것입니다. 행복이란 지극히 개인적인 것입니다. 남들이 보기에는 행복해 보이는데도 본인은 불행할 수 있고, 또 그와 반대의 경우일 수도 있습니다.

행복은 어디에서 오는가? 똑같은 상황에 놓여 있다 해도 어떤 사람은 행복해 하는데, 또 다른 사람은 불행해 합니다. 행복 역시 우리 마음에서 오기 때문입니다. 그런데 행복과 가장 잘 어울리는 단어를 손꼽으라면 가정이라고 할 것입니다. '행복한 가정'. 그렇습니다. 가정은 행복의 온상입니다. 가정이 행복하면 사회도 행복합니다.

어떻게 해야 행복한 가정을 일굴 수 있을까요? 가족 구성원 하나하나가 서로 믿고 의지하고 마음이 통해야 행복할 수 있습니다. 마음이 맞는 배우자를 만나 결혼하고, 행복한 가정을 일구기 위해 끊임없이 노력해야 합니다. 자녀 또한 좋은 인연을 만나는 것이 중요합니다. 자식은 마음대로 할 수 없다고 하잖습니까. 그러니 좋은 인연을 만날 수 있도록 평소 좋은 마음을 쓰고, 공덕을 지어야지요. 아이를 가졌다면 열 달 동안 태교를 충실히 하십시오. 눈에 보이지 않는다고 해서 절대 흘려들어서는 안 됩니다.

러시아 모스크바 소아재활의학센터의 연구 결과 등에 의하면, 태교를 잘한 아이가 태교를 하지 않은 아이들보다 IQ도 높고 지각, 언어능력이 뛰어날 뿐만 아니라 정서가 안정되어 사회적으로 성공할 확률도 높고 행복 지수도 높다고 합니다.

임신 중 태교의 중요성에 대해서는 일찍이 우리 조상들도 강조해 왔습니다만, 근대화되면서 그야말로 물질 위주의 삶, 눈에 보이는 것만을 중시하는 삶이 상식으로 통하는 세상이다 보니 한동안 태교에 대한 것은 거의 도외시하는 것 같았습니다. 그런데 요즘 들어 부쩍 태교에 대한 관심이 늘어나는 추세입니다. 어쨌든 사회 전반적으로 태교에 대해 관심이 일고 있는 것은 참으로 다행스러운 일이 아닐 수 없습니다.

아이도 낳아보지 않은 사람이, 그것도 늙은 비구가 태교에 대해 언급하는 것 자체가 상당히 자연스럽지 않은 것 같습니다만, 늘 사람들이 어떻게 하면 행복해질 것인가에 대한 고민을 하다 보니 그 첫머리에 태교가 있었습니다.

태교는 조상 때부터 시작해야 한다

"훌륭한 선생 10년 교육이 부모 3년 교육만 못하고 3년 부모 교육이 태중 10달 교육만 못하고 태중 10달 교육이 하루 밤 부모 용심(用心)만 못하다."는 말이 있습니다. 부모의 하루 밤 용심이란 평소의 마음가짐이자 인식상태입니다. 태교는 본질적으로 부모의 평상심, 어진 마음에 있다고 할 수 있습니다. 오늘날 사회문제는 곧 가정문제에서 비롯된 것입니다. 설혹 국가는 망해도 가정만 건전하게 살아있다면 국가를 다시 살릴 수 있는 것입니다. 유태인들이 나라가 망한 지 2,000년 만에 다시 나라를 건설하고, 오늘날까지 건재하고 있는 것만 보더라도 잘 알 수 있을 것입니다.

태교는 좋은 가정, 강한 국가, 행복한 인류의 주춧돌입니다. 요즘 조기교육이다, 조기유학이다 해서 자녀 교육에 극성을 보이고 있는데 자녀의 평생을 위한 투자 중에 가장 큰 효과를 볼 수 있는 것이 태교입니다.

과거 훌륭한 인물들은 부모가 지극정성 기도해서 낳은 자녀들이 많습니다. 석가모니 부처님, 공자님, 우리나라의 자장 스님, 대각국사 의천 스님 등등 이루 헤아릴 수 없습니다. 한편 적선지가(積善之家)에 필유여경(必有餘慶)이라, 적선을 한 집안에는 반드시 경사가 있다는 말처럼 훌륭한 2세를 갖기 위해서는 당대가 아닌 그 전대에서부터 공덕을 지어야 하는 것입니다. 그렇게 보면 태교는 조상 때부터 시작하는 것이라 해도 과언이 아닙니다.

사실 누구든지 이왕이면 좋은 부모, 좋은 자식을 만나고 싶어 할 것입니다. 「비바사론」에 의하면, "만약 그 부모가 지은 복업(福業)이 두드러지고, 자식의 복업이 열등하다면, 또 만약 그 부모의 복업이 열등하고 자식의 복업이 뛰어나다면 태(胎)에 들어가지 못한다. 요컨대 아버지와 어머니와 자식의 세 가지 복업이 균등해야 비로소 태에 들어가게 된다."고 하듯이 부모 자식 모두 끼리끼리 만나는 것입니다.

옛날에 어떤 사람에게 아들과 딸이 있었습니다. 둘 다 총명해서 논쟁을 잘 하였습니다. 그런데 평소에는 늘 남동생이 논쟁에서 누이를 이겼는데, 누이가 임신을 한 뒤로는 신기하게도 매번 남동생이지는 것이었습니다. 그 때 남동생이 '분명 누이가 잉태한 아기가 지혜로워 그 힘으로 누이가 이겼을 것이다. 만약 아이가 태어난다면 반드시 나를 이길 것이다.'라고 생각했지요.

누이는 달을 채우고 사내아이를 낳았는데, 과연 어릴 적부터 모든 논(論)에 통달해서 아무도 대적할 자가 없었습니다. 어느 날 나라 안의 사람들을 모두 불러 모아 놓고 논쟁의 마당을 마련했습니다. 원로 바라문들은 어린아이에게 이겨도 영예롭지 못하고, 만약 진다면 너무나 부끄러운 일이라고 생각하여 논쟁에 참여하지도 않았습니다. 하지만 젊은 바라문들은 아이와 대적을 하였는데, 말이 궁해지고 이치를 당해내지 못하자 서로에게 미루기도 했습니다. 마침내 아이는 논쟁에서 그 나라 최고의 자리에 이르렀습니다. 그는 나중에 출가해서 아라한이 되었는데, 그가 바로 부처님 십대 제자 중의 한 분인 지혜제일 사리불 존자입니다.

- 『백연경』

이처럼 선하고 좋은 부모에게는 그런 자녀가 태어나고 악하고 나쁜 짓만 일삼은 부모에게는 또 그와 비슷한 생명이 들어오는 것입니다. 부모가 솜씨가 좋으면 자식도 솜씨가 좋은 경우가 많은데, 전생에 부모 인연과 비슷한 인연이 맺어졌기 때문이고, 현대 과학적으로 설명하면 유전자에 그 솜씨의 인자가 흐르기 때문입니다.

그런데 간혹 부모는 훌륭한데 자식이 개차반인 경우도 있습니다.

그 또한 인연을 잘 살펴야 합니다. 언제 어느 생엔가 악연을 지었기 때문에 빚을 받으러 온 자식일 수도 있기 때문입니다. 자식이 부모의 속을 썩이고 부모를 거역하는 행동을 한다면 자식을 꾸짖기에 앞서 자신의 삶을 되짚어 참회하고, 긍정적인 삶으로 변화시킬 때 자식 또한 변합니다. 자녀가 효자 효녀이기를 바란다면 자녀를 동등하고 귀한 인격자로 대우하고, 항상 자녀의 입장에서 자녀를 바라볼 때 효심이 싹 트는 것입니다.

자손을 바라는 마음 우주에 보내기

먼저 현재 살고 있는 주소와 부부의 성명(○○시 ○○구 ○○번지에 살고 있는 ○○○과 ○○○)을 밝히고, "온 우주에 충만한 부처님이시여, 속히 귀한 자손을 얻고자 합니다. 지극한 마음으로 바라오니, 부처님의 큰 자비의 힘으로 좋은 인연을 맺을 수 있도록 힘이 되어 주소서. 아이가 세상에 태어나면 지극 정성 돌보아 스스로도 행복하고 이웃도 행복하게 해 주는 이가 되도록 돕겠습니다. 이제 부모로서 준비가 다 되어있으니 대자대비하신 부처님이시여, 그 크신 위신력으로 살펴 주옵소서."라고 간절하게 발원합니다. 그리고 나서 『지장경』, 『금강경』 등을 독경하거나 사경을 하면 더욱 좋습니다.

화가 난 태아, 간질 발작으로 갚다

아이를 갖는 것은 혼백(魂魄)을 심는 성스러운 일인데, 요즘 생각 없이 계획에도 없었던 자식을 갖게 되니 별 볼일 없는 불량품과 같은 자식을 만들기 일쑤입니다. 오늘날 음주문화가 일반화된 데다, 큰 더위, 큰 추위, 큰 비, 천둥 치는 날, 술 먹은 날, 상가에 갔다 온 날 등을 피하여 아기를 가져야 하는데, 그에 대해 관심이 없는 젊은 부부들이 늘어나면서 선천성 질병을 타고난 아이들이 늘어나는 것입니다. 원인도 모른 채 백약이 무효라는 병의 근원을 살펴보면 다 그럴 만한 인과가 있는 것입니다.

어느 부부가 심하게 부부싸움을 한 뒤 화가 난 남편이 임신 8개월 된 아내의 머리채를 잡고 뱃속에 든 아이를 없애고 이혼하겠다며 병원으로 끌고 간 적이 있었다고 합니다. 그 아이는 태중에서 어떠했을까요? 임신 8개월이면 다 알아듣고 다 느낄 수 있습니다. 그 아이는 태어나서 3개월 되었을 때부터 간질 발작을 하기 시작했다고 합니다. 부부는 아이에게 진 빚을 평생 갚으면서 살아야 했습니다. 이런 예는 수도 없이 많습니다.

요즘 태아의 성별을 감별하면서 '낙태할까, 말까' 고민하는 이들도 많다고 하는데 그 자체가 태아에게는 큰 고통이 되고, 큰 업보가 됩니다. 정말 큰일입니다. 너무나 몰라서 죄를 짓는 경우가 많습니다.

겉으로 보면 알 만한 사람인데도 눈에 보이지 않는다고 해서 태아에 대해서는 불경한 일을 저지르는 이들이 많아 걱정입니다.

제가 잘 아는 분도 늘 자식 때문에 고민하며 살아가고 있는데, 그 원인이 태교를 잘못한 것인 줄은 아직까지도 모릅니다. 자식이 뱃속에 있을 때 남편과의 불화가 심해지자 자꾸 낙태시키려고 했답니다. 그러다가 어찌어찌 낳게 되었는데, 그 자식이 계속 속을 썩이는 겁니다. 엄마의 마음은 그대로 뱃속의 태아에게 전달됩니다. 누구든지 세상에 가장 중요한 게 자기 목숨입니다. 자기 목숨을 가지고 엄마가 고민하고 갈등하는 것을 태아가 느꼈기 때문에 자신도 모르는 사이에 엄마에 대한 원망심이 생기고, 불안증이 생겨서 학업에도 열중하지 못하는 것입니다. 혹시라도 자식이 원인을 알 수 없는 질병으로 고생하거나 이유 없이 반항하고 부모를 괴롭힌다면 그 원인을 잘 살펴서 참회하십시오.

일본 동경대학 의학부 좌등(佐藤) 박사는 「어머니의 정신적 불안은 육아에 어떤 영향을 미치는가」라는 논문에서 다음과 같은 중요한 내용을 밝혔습니다.

"심리적인 것이 다른 어떤 원인보다도 클 것이다. 공포, 분노, 비애 그 밖의 큰 감정의 동요가 급속히 유액에 영향을 미쳐 유아의 질병을 일으키는 일이 흔하다. 어떤 경우에는 유액이 실제로 유독한 변화를 일으키는 일도 있다. 뿐만 아니라 때로는 유액 분비가 어떤 감정

적 원인으로 급속히 그리고 영구히 정지되는 일까지 있다. 혹은 고뇌
나 거듭되는 피로 등 상당히 긴 심리적 스트레스에 따라 유액(乳液)의
성질과 상태가 변화하고 유량이 현저히 감소되는 일도 있을 수 있는
것이다…."

조선시대 황희 정승(1773~1837)의 어머니인 사주당 이씨가 쓴
『태교신기』에도 "지나치게 성내서 기운을 쓰거나 애태우지 말라. 크
게 놀라면 아기가 간질한다."는 내용이 기록되어 있습니다.

실제로 실명을 거론하면 알 만한 유명인사인데, 그분도 임신하
였을 때 남편과 크게 다투고 마음고생을 하다가 결국 이혼을 하였답니
다. 그분의 아이가 지능도 떨어지고 자폐증상이 심한데, 원인이 바로
임신했을 때 절망하던 마음에서 비롯된 것일 거라고 합니다. 그분은
뒤늦게라도 미안해하며 아이를 지극정성 사랑으로 돌보아 행복하게
산다고 들었습니다.

그렇습니다. 문제가 일어나지 않게 하는 게 무엇보다 중요한 일
이지만, 어떤 전생의 업연에 의해서든, 현생에 지은 인연에 따라서든
좋지 않은 일이 발생되었을 때 그것에 집착하고 한탄하지 말고 긍정적
으로 생각하면서 병고를 약으로 아는 것이 지혜로운 삶입니다.

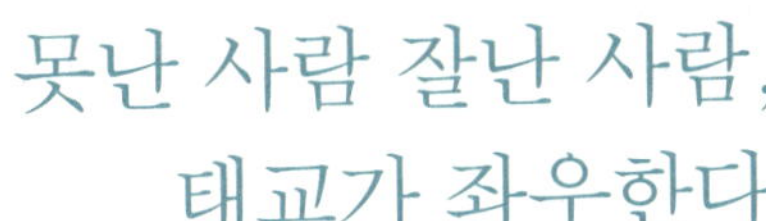

못난 사람 잘난 사람,
태교가 좌우한다

『우바새소문경』에 다음과 같은 내용이 나옵니다.

정의도니야자가 부처님께 여쭈었다.

"모든 사람들의 모양이 제각기 달라서 장수하는 사람이 있는가 하면 단명한 사람도 있고, 병이 많은 사람이 있는가 하면 추하게 생긴 사람도 있고, 부귀를 누리는 사람이 있는가 하면 빈궁에 허덕이는 사람도 있고, 어리석은 사람이 있는가 하면 슬기로운 사람도 있습니다. 이런 종류의 갖가지 차이가 있으니, 어떤 인연으로 보응(報應)이 이와 같습니까?"

부처님께서 말씀하셨다.

"세상의 중생이 지은 인행(因行)에 차이가 있으므로 그 얻는 과(果)

도 각기 다르게 마련이니라."

사람들을 살펴보면 참 제각각입니다. 정의도니야자의 질문은 독자 여러분들도 한번쯤 품어본 것일 듯합니다.

'똑같은 사람으로 태어났는데, 잘난 사람, 못난 사람, 잘 사는 사람, 못 사는 사람, 착한 사람, 악한 사람 등 다양한 삶을 사는 것은 도대체 무슨 까닭일까?'

부처님께서는 중생이 지은 업, 행위에 따라 다르다고 명확하게 말씀하셨습니다. 이 세상에 태어나는 사람들은 그 인연과 업의 힘으로 자신이 아버지와 어머니가 될 사람을 선택하여 중유(中有)의 세계에서 옮겨오는 것입니다. 중유는 죽음의 순간에서 다음 세상에 태어나는 순간까지 중간시기를 말합니다. 오로지 자신의 업력에 의한 것이기 때문에 그 섭리를 비켜갈 수 없습니다. 그런데 그 업이 과거 전생의 일만은 아닙니다. 바로 지금 이 자리에서 어떤 생각을 하고 행동을 하느냐에 따라 새로운 업을 만들고 미래를 변화시킵니다. 만일 전생 업으로만 고정시켜 생각한다면 그야말로 팔자타령만 하면서 살아갈 수밖에 없고, 태교를 할 필요도 없을 것입니다.

불교의 논서인 『구사론(具舍論)』에는 우리 몸이 처음 이루어지는 생성에 따라 일정한 변화의 주기 상태를 순서대로 구분지어 놓았습니다. 간단하게 살펴보면 다음과 같습니다.

1) 정자와 난자가 결합한 신체의 근원적인 최초의 이름을 갈라람이
   라 합니다. 입태 후 첫 한 주간인 1~7일 사이의 상태를 말하는데,
   이때는 맑게 끓인 미음의 꺼풀처럼 끈끈하고 조금 굳어지는 것
   과 같은 상태입니다.

2) 2주(8~14일)째는 알부담이라 하는데, 젖이 식을 때 표면이 약간
   엉기기 시작하는 것과 비슷한 상태입니다.

3) 3주(15~21일)째는 페시라 하며, 이때는 피와 살이 엉겨서 아직 굳
   어지지 않은 상태입니다.

4) 4주(21~28일)째는 건남이라 하며, 이때는 살이 굳어지는 과정입
   니다.

5) 5주(29~35일)째는 바라사카라 합니다. 이때부터는 눈·귀·손·
   발 등 우리 몸의 구조가 구분지어 생기기 시작하여 38주 동안 성
   장합니다. 그 동안 가장 마지막에 영글어지는 게 눈동자입니다.
   그래서 정상아에 비해 조산아의 시력이 떨어지는 것입니다.

어쨌든 5주째부터는 태아의 뇌가 엄마의 뇌와 직결되어 있어서
신체적으로 진행되는 신진대사의 모든 것과 보고 듣고 느끼는 엄마의
일체 의식 작용과 감각 작용을 그대로 느끼므로 태교에 더욱 신중해야
합니다. 엄마의 태내에 10개월이 지구 생물 진화의 기간인 10억년을
축소하여 전 과정을 진행하는 것입니다. 임신은 소우주의 생명을 창조

하는 위대한 사업임을 명심하고 태교에 임하십시오.

제가 아는 모 교수는 박사과정 재학 때 아이를 가졌다고 합니다. 논문도 써야 하고, 학술발표회 때는 앞에 나가 발표도 해야 하지 않습니까? 그런데 이분 생각에 뱃속의 아기가 자신의 일거수 일투족을 다 보고 있는 것 같아서 더 열심히 공부했다고 합니다. 신기한 것은 밤샘 작업을 해도 지치지 않았다고 합니다. 모든 것이 정신력, 마음의 문제입니다. 이 교수의 아이는 추측한 대로 영재라고 합니다. 태아 적부터 공부를 했으니 IQ가 높은 것은 당연한 일이고, 엄마의 부지런함, 정신력까지 이어받아 아주 모범적으로 잘 자라고 있습니다. 임산부와 태아를 지극정성 모셔야 하는 이유를 이제 아시겠습니까?

태아, 임신부를 부처님 섬기듯 하라

이 세상의 모든 만남은 다겁생의 인연으로 이루어진 것입니다. 부부의 인연은 8천겁의 긴 세월로 만난 지중한 인연이요, 자식은 그보다 더 깊은 인연으로 이루어진 것입니다. 세상에 둘도 없는 부모 자식 간의 만남 역시 업으로 말미암은 것이기에 은혜로운 만남도 있고, 전생에 지은 악업으로 말미암아 그 과보로 오는 자식도 있습니다. 결국 좋은 자식을 만난다는 것은 평소 어떤 마음가짐으로 어떻게 생활하고 있는지가 가장 큰 관건입니다. 그래서 태교는 결혼 전부터, 빠르면 빠를수록 좋다고 하는 겁니다. 사실 초경이 시작될 무렵, 여성의 몸으로 성숙되어갈 즈음에 하는 것이 가장 좋다고 합니다. 늘 좋은 마음을 갖고 선업을 지을 때 좋은 인연이 찾아오기 때문입니다.

그러나 만일 지금까지의 삶이 비록 만족할 만한 것이 아니었다 해도 방법은 있습니다. 열 달 태교를 정성껏 잘하는 것입니다. 좋은 아이가 태어나게 하려면 임신 전부터 준비를 해야 하지만 임신한 후라도 부지런히 노력하면 좋은 인연으로 만들 수 있습니다.

그리고 임신부 본인의 마음가짐도 중요하지만 주위 사람들의 협조가 절실합니다. 간혹 생각 없이 임신한 며느리를 구박하는 시부모가 있던데, 한 치 앞을 내다보지 못하는 소행입니다. 임신부의 스트레스가 그대로 태아에게 전달됩니다. 엄마와 아이는 둘이 아닌 하나의 몸이기 때문에 태아의 아뢰야식에 조부모에 대한 악감정이 저장됩니다. 그 아이가 태어나서 조부모를 존경하고 사랑하겠습니까? 좋은 자손을 보고 싶은 분들, 효자 손자 손녀를 보고 싶은 분들은 평소 며느리에게 잘 하십시오. 임신했을 때는 더 잘하십시오.

시부모, 일가친지뿐만 아니라 모든 사람들이 임신부를 부처님 섬기듯 해야 합니다. 예전에 어른들이 임신부를 만나면 개떡이라도 주어야 한다고 했습니다. 먹을 게 없으면 임신부에게 따뜻한 물이라도 한 잔 대접해야 집안이 편안하다고 했습니다. 다 일리 있는 말씀입니다. 임신하면 먹어도 또 먹어도 배가 고픈 생리적인 현상 때문이기도

합니다만, 그보다 임신부의 마음 씀이 태아에게 전달되고, 그 태아가
자라서 이웃이 되고 사회를 만들어 가기 때문입니다. 회사에서도 임신
부에게 어떤 구실이든 잡아서 퇴출시킬 생각하지 말고 임신부가 뱃속

마음으로 보내는 태아를 위한 편지

"사랑하는 아가야, 엄마와 아빠는 우리 아가 소식을 듣고 말할 수 없이 기
뻤단다. 네 덕분에 엄마와 아빠의 사랑도 더 깊어졌고 우리 가정에는 행복
의 선율이 늘 흐르고 있단다.

우리 아가의 존경받는 부모가 되기 위해 우리는 더 열심히 마음공부도 하
고, 직장에서는 더욱 최선을 다해 일하고 있단다. 우리 아가가 보고 있다는
생각을 하면 도저히 게으름에 빠질 수가 없단다. 우리 아가 덕분에 사랑의
마음이 더욱 깊어지고, 사물을 보는 안목도 넓어지고, 주변 사람들에게도
더욱 푸근한 마음을 지니게 되었단다.

엄마, 아빠도 이런 마음의 변화에 놀랍단다. 이렇게 행복하고 이렇게 편안
하고 이렇게 열정적으로 살아갈 힘을 주는 우리 아가에게 날마다 고마워하
고 있단다. 아가야, 너도 알고 있지.

사랑하는 아가야, 정말 고마워.

엄마, 아빠는 네가 세상에 태어날 그날을 간절히 기다리고 있단다. 네가 자
랑스러워할 엄마, 아빠가 되기 위해 마음을 잘 다스리고, 정성스럽게 가꾸
어 갈 것을 미리 약속할게. 우리 행복한 만남을 위해서 함께 노력하자꾸나.
건강하고 편안하게 엄마 뱃속에서 잘 지내다가 나오렴. 세상이라는 밝은
무대에서 네 꿈을 한껏 펼칠 수 있도록 엄마, 아빠가 열심히 무대장치를 하
고 있을게. 멋진 우리 아가. 우리 그때 만나자."

의 태아의 힘까지 빌려서 신명나게 일할 수 있는 장을 만들어 주십시오. 태아의 복력까지 보탰을 때 회사가 번창할 수도 있는 것입니다.

이렇듯 뱃속에서부터 행복해지는 습관을 들여 주십시오. 태아가 엄마 뱃속에서도 충족하고 만족하고 고마워하는 마음을 익혀야 세상에 태어나 고마워할 줄 아는 사람, 도덕적인 사람이 됩니다. 그러니 인류의 밝은 미래를 위해서도 임신부에게 더욱 정성을 쏟아야 합니다.

거듭 강조하건대, 태교는 태아의 영혼을 맑힐 수 있는, 태아와 부모의 업을 녹여줄 수 있는 절호의 기회요, 마지막 찬스라는 사실을 잊어서는 안 됩니다. 태아는 영적으로 밝은 존재입니다. 태아의 영혼은 맑기가 거울보다 더 맑기 때문에 산모의 마음과 행동을 이미 다 읽고 있습니다. 임신부는 지중한 전생 인연으로 거룩하게 찾아온 태아를 귀한 상관 모시듯 지극정성을 다해 모셔야 합니다.

육바라밀 태교법, 일과수행, 성공적인 뇌태교

먼저 육바라밀 태교법과 일과수행을 추천합니다. 육바라밀 태교법은 다음과 같습니다.

1) 선정: 평화로운 마음을 가집니다.
2) 지계: 근신하는 자세가 필요합니다.

3) 보시: 베푸는 즐거움을 태아와 함께 맛봅니다.

4) 인욕: 업장 소멸은 참회가 좋습니다.

5) 정진: 참선, 기도, 염불, 사경, 음악 감상, 정원 가꾸기, 독서, 친구
와의 대화, 호흡법 등

6) 지혜: 번뇌를 여의면 지혜가 솟아납니다.

일과수행은 다음과 같습니다.

1) 맨 먼저 마음을 고요히 가라앉히고 입정(入定)을 합니다.
태아와의 소중한 인연에 대한 감사의 마음을 갖습니다.

2) 삼귀의: 합장하고 삼귀의를 하면서 반배씩 합니다.

3) 예불을 올립니다.

4) 시간과 기도 사정에 따라서 『금강경』, 『지장경』, 『법화경』 등 경
전을 택하여 독송합니다.

5) 염불, 참선, 사경 등 정진을 합니다.

6) 태아와의 좋은 인연을 늘 감사하고 태아를 위해 바른 마음가짐,
바른 행동을 할 것을 다짐하고, 아이를 가진 것은 보살을 잉태한
것이요, 부처님을 탄생시키는 것이라는 생각으로 태아에게 좋은
기운을 불어넣습니다.

성공적인 뇌태교를 위한 키포인트를 말씀드리자면 다음과 같습니다.

1) 엄마가 스트레스로부터 자유로워야 합니다(좋은 손자를 얻으려면 며느리에게 스트레스를 주지 말아야 합니다).
2) 태아와 생생한 감정이입이 이루어져야 합니다.
3) 태아의 성장을 고려한 태교가 필요합니다.
4) 남편의 도움이 절대적으로 필요합니다(아빠가 태아 때부터 동화책을 읽어준 아이의 경우 아빠를 훨씬 더 좋아한다는 실례가 있습니다).

언젠가 우연히 임신 중에도 합방을 해도 된다, 오히려 태아가 더 좋아한다는 이야기를 듣고 놀란 일이 있습니다. 이것이야말로 과학 망령이라는 생각이 들었습니다. 근본적인 것일수록 옛 어른의 말씀이 옳습니다. 옛 어른들의 태교를 보면 임신부가 하지 말아야 할 것이 너무 많은데, 그 중 첫째가 부부가 함께 자지 말라는 것입니다.

또 얘기를 듣자하니, 아내가 임신하였을 때 남편이라는 사람이 간혹 욕정을 참지 못해서 바람을 피우는 이들도 있다고 합니다. 참으로 한심한 일입니다. 이런 사람은 애시당초 좋은 부모가 될 자격이 없습니다. 숨기면 모를 것 같아도 태아는 영안(靈眼)이 있기 때문에 다 압니다. 또 만일 임신부가 그 사실을 알았을 때 얼마나 괴롭겠습니까?

그 마음이 태아에게 그대로 전해져 병약하고 신경질적인 아이가 태어날 수 있습니다. 아무리 잘해 주려고 해도 자식이 부모의 뜻을 거역한다면 그 원인이 어디에 있을까, 고민해 보십시오. 십중팔구는 다 자기가 만든 것입니다. 이왕 말이 나온 김에 임신 중에 금기시해야 할 것을 열거해 보겠습니다.

1) 부부가 함께 자지 말라. 2) 옷을 너무 덥게 입지 말라. 3) 너무 배부르게 먹지 말라. 4) 잠을 너무 자지 말라. 5) 오래 누워 있지 말라. 6) 때때로 산책하여라. 7) 차가운 곳에 앉지 말라. 8) 더러운 데 앉지 말라. 9) 몹쓸 냄새를 맡지 말라. 10) 밤에 외출하지 말라. 11) 비바람 사나울 때 외출하지 말라. 12) 산과 들에 가지 말라. 13) 옛 무덤을 보지 말라. 14) 옛 사당에 가지 말라. 15) 높은 데 오르지 말라. 16) 깊은 데 내려가지 말라. 17) 무거운 것을 들지 말라. 18) 약을 함부로 쓰지 말라. 19) 몸을 기울여 앉지 말라. 20) 바늘로 손을 상하게 하지 말라. 21) 드는 칼을 쓰지 말라. 22) 서서 땅의 것을 집지 말라. 23) 해산 달에 머리 감지 말라.

요즘 상황과 맞지 않는 것도 있고, 하지 말라는 것이 부정적인 느낌이 든다면 긍정적인 예문으로 바꿀 수도 있습니다. 예를 들어 '잠을 너무 자지 말라'는 '잠을 적당히 자라'는 식으로 하면 됩니다. 여기서 한 대목 더 추가한다면 기형아 예방을 위하여 목욕물 온도를 36도 이상은 엄금해야 한다는 것입니다. 또한 흡연하는 산모는 비흡연 산모보다 유산율이 27%나 높다고 합니다. 산모의 흡연은 그야말로 태아를 학대하고, 혹사하고, 지능이 낮아질 수도 있고, 문제아를 만들 수도 있음을 명심하십시오.

수행을 통한 안심입명보다
더 좋은 태교는 없다

"콩 심은 데 콩 나고 팥 심은 데 팥 난다."는 속담처럼 금할 것은 금하면서 태교를 잘하면 바로 그 효과가 나타납니다. 아니 콩 심은 데 똑같은 콩이 나는 게 아니라 더 우량한 콩, 더 멋진 콩이 어마어마하게 많이 나옵니다. 제가 아는 불자 중의 한 분은 다른 태교는 하지 않고 오로지 참선하고, 절에 가면 공양간에서 설거지만 했다고 합니다. 그런데 아이가 어릴 때부터 정서적으로 안정되고, 성격 또한 밝고 순하답니다. 학교 다니면서부터는 집중력이 뛰어나서 과외 한 번 안 시켰는데도 공부를 아주 잘한다고 합니다.

이 불자뿐만 아니라 절에 자주 찾아가서 목탁 소리를 들으면서 염불하고 기도하였다는 불자들도 많았는데, 아이의 행동이 남다릅니다. 어린아이가 절에 가서 넙죽넙죽 절도 잘하고, 스님에게 합장 인사하고,

말끝마다 관세음보살, 부처님 하는 것을 보면 신기할 정도입니다. 특히 임신했을 때 절에 자주 가서 기도한 아이일수록 유별나게 신심이 지극하고 총명하다는 얘기를 자주 들었는데, 그럴 수밖에 없습니다.

앞서 이야기하였듯이 유유상종이라, 부모와 자식은 끼리끼리 만나는 것이어서 처음부터 불연(佛緣)이 깊은 인연이 맺어진 것입니다. 물론 참선 염불 태교도 큰 역할을 한 것은 말할 것도 없습니다. 참선을 하고 염불을 하면 뇌파가 안정되어 우리의 심신이 활기차고 행복한 알파파 상태(13Hz-8Hz)가 됩니다. 알파파는 정신적·육체적으로 건강한 사람의 자아 상태로 명상파라고도 합니다. 알파파 상태가 되면 정신통일이 되고, 집중력이 강화되고, 창의력이 높아지고, 기억력이 증대됩니다.

여기서 더 나아가면 얕은 알파파보다 더욱 느린 세타파(4Hz-8Hz)가 발생되는데, 통찰력이 심화되고, 창조적 아이디어로 연결됩니다. 최고의 경지에 이른 참선 수행자들에게서 보이는 델타파(4Hz 이하)는 깊은 수면상태에서 발생되는 뇌파로 인간의 본성이 각성되어 시간과 공간을 완전히 지배하는 것은 물론이고 초월적인 삶을 살 수도 있습니다.

목탁 소리 또한 클래식 음악을 듣는 것보다 더 태교에 좋다고 합니다. 세타파, 델타파까지는 힘들겠지만, 참선할 때, 명상할 때, 염불할 때, 조용한 음악을 들을 때, 한 점 응시를 할 때, 복식호흡을 5분 정도 할 때, 최면으로 자기 암시를 할 때 알파파 상태가 되는데 이 정도만 되어도 태교에 큰 효과를 거둘 수 있습니다. 참선과 염불을 통한 임신부의 심신 안정이 가장 좋은 태교입니다. 수행을 통한 안심입명보다 더 좋은 태교는 없습니다. 주위에 임신부가 있으면 독려해 주시기 바랍니다. 좋은 것을 권하고 알려주는 것도 큰 복을 짓는 것입니다.

태교는 복잡하고 난해한 이론이 필요한 게 아니라 전적으로 실천하느냐 하지 않느냐에 그 성공 여부가 있습니다. 임신부가 태아의 업을 맑히고, 긍정적이고 좋은 습관을 익히고, 집중력을 기른다면 태아에게 그대로 전해집니다. 태교는 아이가 세상에 태어나서 훨씬 더 조화롭고 행복한 인격체로 성장할 수 있는 더할 나위 없이 훌륭한 자양분인 것입니다. 하루하루 살아가는 내 모습이 고스란히 8식에 기록되어 유전자에 반영된다고 합니다. 우리가 날마다 짓는 업이 나 자신은 물론이고 내 자식, 손자의 유전자에도 계승되는 것입니다.

직장생활에 바쁜 임신부는 평상심을 유지하며 온 정성을 다해 업무에 임하는 것도 좋은 태교가 됩니다. 태교는 바로 지금 이 자리에서 이루어지는 것입니다. 행복한 인생, 밝은 사회를 원한다면 평소 어질고 복된 생활을 통해 좋은 인연이 올 수 있도록 하며, 나아가 슬기롭고 덕스럽고 복된 아이가 태어날 수 있도록 바른 태교에 임해야 할 것입니다.

행복한 출산,
새로운 붓다를 탄생시키다

세상에 모든 부모의 한결같은 소원은 무엇일까요? 아마도 건강한 자녀를 낳아 훌륭하게 기르는 것일 것입니다. 이는 인류 번영의 주춧돌이기도 합니다. 실로 개인적으로나 대사회적으로 가장 중요한, 몸과 마음이 건강한 사람을 출산하기 위해서는 평소 부모가 자연건강법 6대 법칙을 실천하고, 바른 태교를 통해 알게 모르게 지은 업을 녹이고 태아를 성장시키는 것이 상책일 것입니다. 그럴 때 출산은 새로운 붓다를 탄생시키는 그야말로 그 자체로 말할 수 없이 성스러운 불사(佛事)입니다.

물론 건강한 자녀는 먼저 건강한 부모에게서 나오기 마련이니 출산도 건강한 20대에 하는 게 좋습니다. 젊을수록 좋지만 요즘은 결혼이 늦어지는 상황이니 어쩔 수 없이 30대, 심지어 40대에 출산하는 경우도 있습니다. 35세 이상의 노산일 경우 선천성 질병과 난산의 우려가 있기는 해도 개인차가 큽니다. 주민등록상의 나이는 35세가 넘었더라도 신체적인 나이는 훨씬 젊을 수도 있고, 참선 염불 등의 명상이나 요가, 라마즈 호흡법 등으로 40이 넘어서도 자연 분만하는 분들도 많습니다.

조금 고통스러운 정도이므로 노산이라 해서 굳이 호들갑을 떨지 않아도 됩니다. 오히려 노심초사하는 게 병이 됩니다. 사실 아무리 난산이라 해도 산모나 태아가 사망하는 예는 1%도 안 됩니다. 나이든 산모를 무슨 큰 병자같이 여기는 의료진의 스트레스를 받는 분들이 많다고 들었는데, 자신감을 잃지 마십시오. 스트레스를 받으면 몸이 굳어지고 몸이 굳으면 태아도 굳어져 자연분만이 힘들어집니다. 거꾸로

처음 세상에 나온 아이를 위한 기도

부처님, 오늘 사랑하는 우리 00이가 세상에 첫발을 내디뎠습니다. 00이와 소중한 부모 자식의 인연으로 이 세상에서 만날 수 있게 도와주신 점 깊이 감사드립니다. 원컨대 온 우주에 충만하신 불보살님의 크신 가피를 입고 00이가 건강하고 훌륭하게 자랄 수 있도록 돌봐주소서. 지극한 정성으로 발원하오니 이 인연 공덕으로 우리 000이의 수명은 산처럼 높고 복덕과 지혜는 바다처럼 깊고 넓어 이 세상을 맑고 밝게 가꾸는 동량이 될 수 있도록 가호해주소서.

들어선 아이도 기도로써 제대로 자리 잡게 한 일도 있으니 걱정 마십시오. 그저 임신을 기쁘게 받아들이고 마음을 안정시키며 태교에 임하고 건강을 살피면서 평소 행복한 출산을 마음속으로 그리면 실제로 별탈 없이 출산할 수 있습니다.

왜 자연 분만을 해야 하는가

오늘날 현대인들은 도심 한복판의 열악한 주거환경에서 소음공해, 대기오염, 수질오염, 인스턴트식품에 이르기까지 임신부에게 좋을 게 하나도 없는 상황입니다. 여러 가지로 신체의 밸런스가 깨져 질병에 취약한 데다 방사선, 전자파 등에 노출되어 있습니다. 특히 임신 초기에는 약의 부작용이 크다는 것을 유념해야 합니다. 항암제, 항히스타민제, 부신피질호르몬 합성 항체 등의 복용은 태아에게 치명적인 결과를 가져옵니다.

게다가 수시로 받는 초음파 검사도 태아에게 좋을 리가 없습니다. 우리나라는 초음파 검사가 영국보다 6배나 잦다고 합니다. 산부인과 기계는 전 유럽을 합친 것을 능가하고, 유도 촉진제와 제왕절개 시술을 하는 일이 전 세계적으로 가장 많다고 합니다. 어떤 산부인과에서는 100％라고 하더군요.

출산은 붓다를 탄생시키는 성스러운 불사인데, 자연스럽게 이루어져야지 인간의 편의를 위한 자연스럽지 못한 의도가 개입되어서는 안 됩니다. 의사의 업무시간을 맞추기 위해 유도촉진제로 출산을 빠르게 하는 것이 결코 좋을 리 없습니다. 더더군다나 제왕절개는 커다란 위험에 노출되었을 때를 제외하고는 피해야 됩니다. 제왕절개출생아가 자연분만아에 비해 정신이상아가 나올 확률이 2배 이상이라는 통계도 있습니다만, 아기가 좁은 산도를 통해 나올 때에 뚫고 나오는 힘도 길러지고, 저항력도 길러집니다. 삶에 대한 경쟁력도 생기지 않겠습니까?

자연건강 순산법

임신도 출산도 자연생리 현상이요, 병이 아닙니다. 걱정할 것도 없고 근심, 불안에 떨 것은 더더욱 아닙니다. 요즘은 중병이 든 것처럼 대부분 병원에서 분만하고 있습니다만, 예전에는 집에서, 또 조산원에서도 잘들 낳았습니다. 본인이 출산에 대해 제대로 자각하고 있으면 옛날 우리 어머니들이 밭에서 일하다가도 아이를 쉽게 낳듯이 자연스럽게 분만할 수 있습니다.

자연분만을 하기 위해서는 분만이 가까워졌을 때 몸의 상태를 잘 알아야 합니다. 아주 오래 전에 메모를 해둔 것인지라 출처가 명확치 않은데, 분만을 즈음한 자각 증세는 다음과 같으니 참고하시기 바랍니다.

1) 분만 자각증 : 자궁 수축이 잦아집니다. 배가 가끔 딴딴해지고 태아가 내려 않는 것 같은 느낌과 태동이 둔해집니다. 이때 오줌이 자주 마려옵니다. 간혹 머리가 아프고, 대하가 있고, 체중이 더 이상 불어나지 않습니다.

2) 분만 시작 : 확실한 시초는 진통과 혈성대하와 진통이 시작됩니다. 이슬이 보이고, 진통이 규칙적이면 산실에 들어가 조용히 안정을 취합니다. 녹차, 감잎차 등을 마시고 관장으로 배변을 하고 나서 합장 합척 운동을 하며 조용히 누워 있어야 합니다. 진통이 시작된다고 무조건 병원으로 향하는 분들이 많은데, 너무 일찍 병원에 가면 산모만 지치므로 10분 간격으로 진통이 규칙적이면 그 때 병원에 가도 늦지 않습니다.

또한 진통이 심할 때 박자를 맞추어서 염불을 했더니 통증이 가볍게 다가왔다는 분의 이야기를 들었습니다. 일리 있는 말입니다. 염불에 집중하면 알파파가 발생하여 그 무엇과도 비교할 수 없이 아프다는 분만의 통증을 잊을 수 있습니다. 염불뿐만이 아니라 다른 수행도 마찬가지입니다. 평소 자기가 하고 있는 수행을 하면 몸의 통증도 참을 수 있고, 태아도 몸과 마음이 안정되어 순조롭게 세상에 나올 수 있는 것입니다.

3) 개구기 : 기분을 늦추고 체력을 기릅니다. 마음을 편히 지냅니다. 먼저 대소변 관장을 해야 합니다. 진통이 심해지면 복식호흡,

마사지, 압박법, 수행을 합니다. 정상적인 분만은 진통이 심해지고 자궁구가 충분히 열리고 나서 파수합니다.

4) 분출기 : 체력, 기력을 집중해 배에 힘을 줍니다. 이 시기에 비로소 아기의 머리가 좁은 산도 속을 통과하는데, 머리의 형태를 산도의 형태에 맞추어 되도록 저항을 적게 하여 돌면서 나옵니다. 이 시기가 너무 오래 걸리면 난산이라고 합니다. 평소 복식호흡으로 배에 힘을 주는 법을 기르면 좋습니다.

5) 후산기 : 아기가 나오고 5분 정도면 태반이 떨어지기 시작합니다. 한번 다시 가볍게 힘을 주면 태반이 쑥 나옵니다. 태반과 함께 출혈을 200g 정도 합니다.

이 때 초생아는 태반을 붙인 채라도 딱딱한 침대 위에 타올 한 장 깔고 눕혀 1시간 40분 동안 기다려야 합니다. 그러면 난원공이 폐쇄되고 태변이 배설되어 건강하고 명석한 아이가 됩니다. 그 다음은 20배 정도의 마그밀수로 눈을 닦아 줍니다. 산탕은 처음 40℃ 온탕에서 몸을 덥히고 충분히 따스하게 해서 태아의 피부가 분홍색이 되면 다음은 냉탕에서 씻겨주는 냉·온욕을 해줍니다. 30℃ 물에 씻겼다가 다음 40℃ 물에 1분씩 씻기는 식으로 6회까지 합니다. 그 후 마른수건으로 몸을 닦아 옷을 입힙니다. 매 회마다 냉탕은 점점 온도를 낮추어 18도까지 하면 좋습니다.

예전처럼 집이나 조산원에서 위와 같은 내용을 염두에 두면 더욱 좋고 일반 큰 병원에서 낳을 경우에도 특별히 신경 써서 이렇게 해주면 잔병치레도 하지 않고 건강하게 자랄 터이니 꼭 실천하시기 바랍니다.

6바라밀 자연건강보건치병 6대법칙

1. 평상(보시) 사용효과

척추 자세교정, 피부·간장·폐장 기능 강화. 정맥 순환이 잘 되어 신장기능강화로 노폐물 처리가 좋아져 수면시간 단축.

2. 경침(지계) 사용효과

두통, 이비인후, 어깨 손발 저린 것 등 치료 예방.

3. 붕어(인욕) 운동효과

경추 교정, 혈액순환 장관내용을 균등하게 하여 장염전이나 폐색을 예방치료. 좌우 신경을 균일하게 함.

4. 모관(정진) 운동효과

4지의 정맥혈 순환, 임파액 순환을 활발하게 해 순환기계통의 병을 치료예방. 글로뮈의 활동과 재생을 도와 노쇠를 지연함. 손발 피부기능을 완전하게 하여 기생충이나 세균 침입을 방지. 특히 손발 기능이 좋아짐.

5. 합장 합척(선정) 운동효과

4지의 근육과 신경을 균등하게 해 전신의 조화를 이루도록 골반부·복부·상퇴·하퇴·발 등 근육신경을 조절하고 혈액순환을 순조롭게 한다. 부인병을 예방하며 임부에게 안산법.

6. 등배(지혜) 운동효과

어깨 목 머리의 모든 병 예방과 치료. 복부 혈액순환이 잘 되어 변비 숙변을 배설케 함. 척추 교정·건전신체유지·양능선(良能善)을 생각하면서 할 것.

동냥을 해서라도 모유를 먹여야 한다

요즘 모유를 먹이자는 캠페인이 벌어져 참으로 다행스럽습니다. 얼마 전까지만 해도 여성의 몸매가 미워진다 해서 일부러 우유를 먹이는 경우도 있다는 말을 듣고 참으로 안타까웠습니다.

모유에는 아기를 지켜주는 각종 면역 항체가 들어 있습니다. 최근 연구결과에 의하면, 모유가 암세포도 파괴한다고 합니다. 서양에서는 암에 걸린 사람이 모유를 먹고 치유된 사실도 있습니다.

과학적으로 모유의 중요성을 증명하였습니다. 영국의 루카스 박사팀이 1992년도에 연구 결과를 발표하였는데, 모유를 먹은 아이들의 지능 지수가 우유를 먹고 자란 아이들보다 월등히 높다는 결과가 나왔습니다. 과학적인 입증을 떠나서라도 모유를 먹는 아이들이 건강하게 잘 자란다는 것은 잘 알려진 사실입니다. 특히 요즘 인구에 회자되는 아토피성 피부염이나 소아 천식, 알러지로 인한 증상 등도 모유를 먹는 아이들에게서는 찾아볼 수 없습니다. 모유에 들어있는 영양분과 다양한 항체 덕분입니다.

심봉사가 동냥젖으로 심청이를 길렀듯이 동냥을 해서라도 모유를 먹여야 합니다. 특히 출산하고 처음 나오는 초유는 반드시 먹여야 합니다. 하지만 요즘엔 모유가 나오지 않아 먹이지 못하는 분들도 많아서 안타깝습니다.

모체는 임신 8, 9개월이 되면 유선이 발달하여 수유를 준비합니다. 이때 마사지를 통해 유선을 발달시켜주면 좋습니다. 영양실조나 스트레스가 많으면 모유가 나오지 않습니다. 요즘 같은 세상에 영양실조인 경우는 없을 터이고, 대부분 스트레스 때문에 모유가 나오지 않는데, 무엇보다 수행을 통해 마음의 안정을 찾고 스트레스에 강해져야 합니다.

또한 어머니가 아이를 사랑하는 지극한 마음을 가지고 아이에게 젖을 주는 데 깊이 빠져들면 성호르몬을 자극하여 유선의 활동을 활발하게 만들어 줍니다. 만약 아무리 애를 써도 모유가 나오지 않으면 남편이 협조할 수도 있습니다. 또한 산모가 변비가 생기지 않도록 조심하고, 단것을 삼가는 게 좋습니다. 산모가 건강하면 모유가 잘 나오기 마련이니 평소 건강에 신경을 써야 합니다.

한편 여성 불자들의 경험에 의하면, 큰 병원에서 출산했을 경우 처음에 젖이 나오지 않을 때 병원에서 우윳병으로 우유를 먹인 아이들이 젖을 빨지 않아 수유에 실패하였다는 분들이 많습니다. 아기들은 태어나서 일주일 동안 물만 먹여도 삽니다. 처음에 젖이 잘 나오지 않을 때는 차라리 굶기는 게 낫습니다. 배고픈 아기가 있는 힘을 다해 젖을 빨 수 있도록 유도해서라도 젖을 먹여야 합니다. 우리들의 인생에서 젖 먹는 힘이 대단한 것입니다. 아직까지 연구결과는 나오지 않았지만 추측컨대 인생에 있어 생존의 힘이 모유를 먹은 아기가 우유를 먹은 아기보다 훨씬 강할 것은 자명한 사실입니다.

어쨌든 앞서 말씀드렸듯이 출산은 새로운 붓다를 탄생시키는 가장 위대한 불사(佛事)입니다. 모쪼록 이 땅의 모든 임신부들이 평소 수행으로 태교를 잘하고, 마침내 건강하고 훌륭한 아기를 출산하시기 바랍니다.

육아, 가장 위대한 불사(佛事)

아무리 이상적으로 태교를 하고 순조롭게 출산했다 할지라도 잘 기르는 게 가장 큰 관건입니다. 이 세상 부모 가운데 자식을 잘 기르고 싶지 않은 사람은 없을 것입니다. 그런데 교육관이 제대로 서지 않아서 우왕좌왕하는 이들이 많습니다. 오늘날 무한경쟁시대이기는 하나 너무나 이기적인 욕망에 얼룩진 마음으로 자녀를 기르는 게 당연시되는 추세인지라 걱정입니다. 그러다 보니 자녀를 위한다는 게 오히려 독이 되는 경우가 많습니다. 부모들이 좀 더 지혜롭고 열린 가치관을 가져야 자녀도 반듯해지고, 이 세상이 평화로워집니다. 내 자녀만 고이고이 잘 기른다고 해서 되는 게 아닙니다. 이웃들의 자녀도 잘 기를 수 있도록 도와야 합니다. 남의 자식이 누구입니까? 바로 내 자식의 친구입니다. 친구 따라 강남 간다고 하지 않습니까? 남의 자식이 잘 자라야 내 자식도 잘 자랍니다.

세상을 보는 안목이 제대로 열려야 합니다. 부처님의 말씀처럼 이 세상이 서로서로 의지하고 있는 연기적(緣起的) 공동체임을 깨닫고 서로 돕고 사는 세상을 일구듯 자녀 교육 또한 그와 같은 선상에서 이루어져야 합니다. 한마디로 '우주는 한 가정이요, 중생은 한 가족이다. 서로 원망 말고 은혜 갚겠다는 마음가짐으로 살아가자'는 생각으로 살아가야 한다는 말씀입니다. 또한 자녀를 소유물로 생각하지 않고 불성(佛性)을 지닌 주체적 인격으로 존중하십시오. 자녀가 불성을 깨달을 수 있도록 도와주는 입장에서 육아에 임하면 자녀뿐만 아니라 모든 사람이 행복해집니다.

자녀는 기다려 주지 않는다

신생아의 첫 울음은 생명력의 상징입니다. 만일 난산일 경우 울음소리가 약할 수도 있으나 점차 회복되고, 24시간 내에 젖을 빨 힘이 생깁니다. 신생아는 여리디 여리니 실내 온도를 18℃∼20℃, 습도는 50∼70으로 해놓고 조용하게 안정을 취할 수 있도록 육아도우미 외에는 출입을 금하는 것이 좋습니다.

젖먹이 때 건강이 평생 갑니다. 잘 먹이고 잘 재워서 건강한 아이로 자랄 수 있도록 도와야 합니다. 잘 알겠지만, 젖먹이고 나서 곧바로 눕히지 말고 15분 정도 안고 가볍게 등을 문질러 트림을 시켜야 합니다.

또 요즘엔 아기들 옷도 어른 정장을 흉내 낸 옷들이 많은데, 제발 무엇이든 어른의 눈높이로 결정하지 마십시오. 아기들 옷은 가볍고 얇으면서 활동하기 편한 무명옷이 가장 좋습니다. 아기들뿐만 아니라 초등학생도 뻣뻣한 질감의 불편한 옷은 좋지 않습니다.

어린아이들도 만 1~2개월부터 쾌·불쾌의 감정이 분명해서 불쾌할 때는 큰소리로 웁니다. 이때 어른들이 관심을 가져주지 않으면 아기 때부터 좌절감을 갖게 되고, 주위사람을 믿지 못하고, 반항심이 생긴답니다. 어릴 때 아무것도 모르겠거니 하며 방심했다간 커서 불효자가 될 수도 있습니다.

또 기저귀는 될 수 있으면 헝겊 기저귀를 채우십시오. 환경문제 예방차원뿐만 아니라 아토피 발생률도 낮고, 헝겊기저귀를 채우면 자극에 예민해져 머리가 좋아진다고 합니다. 바깥 날씨가 영상 10도 이상이면 안고 나가서 일광욕을 시켜주면 감기에 대한 저항력이 길러집니다. 아기가 기분이 좋아 '까르르' 소리 내어 웃기도 합니다.

만3개월이면 감정이 풍부해 지고, 장난감을 주면 몸짓으로 좋아하고 손에 쥡니다. 만4개월이 되면 똑바로 누울 수 있고, 큰소리로 울기도 하고 웃기도 하고 눈도 깜박입니다. 만6개월이면 사팔눈이 정상으로 되어 앉혀 놓아도 잘 넘어지지 않고 사람을 알아봅니다. 또 좋고 나쁜 감정이 싹터서 마음에 들지 않으면 크게 울고, 장난감을 뺏으면 싫어 합니다. 어머니의 부드러운 목소리, 풍부한 표정은 아기를 기쁘게 해줍니다. 아기가 엄마에게 미소로 응답하기도 하고, 거울에 비친 자기 얼굴을 보고 방긋 웃기도 합니다.

6개월부터 서서히 이유식을 하는데, 오곡이 들어간 미음으로 시작해서 서서히 야문 것으로 하는 게 좋습니다. 아이들을 키워본 이들의 말을 종합해 본 결과, 싱거운 된장국에 오곡, 갖가지 야채, 멸치, 다시마 등을 넣어서 미음을 만들어 먹이면 아주 좋다고 합니다.

만 7~10개월까지 잘 앉을 수 있고, 손발을 자유롭게 움직일 수 있으며 어른을 따라서 흉내를 내기도 하고, 기억력이 좋아져서 이름을 부르면 돌아봅니다. 이 시기는 아기의 감정이 본격적으로 발달하는 때이므로 자주 말을 걸어주고 노래를 불러주는 등 지대한 관심을 기울여야 합니다. 아기는 어머니의 표정과 몸짓, 손짓을 잘 이해하고 반응합니다. 말을 자주 걸어주면 아기가 말을 익히는 데 큰 도움이 됩니다.

또한 할머니나 할아버지가 놀아주면 아주 좋습니다. 아기와 노인은 궁합이 맞습니다. 에너지가 넘치는 젊은 사람은 아기에게 간혹 위협적인 느낌을 줄 수도 있습니다. 하지만 늙어서 힘이 없고, 사랑이 깊은 노인은 부드럽고 따뜻하게 다가옵니다. 실제로 자식에겐 욕심이 앞서서 못마땅한 점도 보이지만 손자 손녀는 그저 예쁘기만 해서 자식을 키울 때와는 사뭇 다른 애정이 느껴진다고 합니다. 대가족제도하에서 조부모의 사랑을 듬뿍 받고 자란 사람치고 모난 사람이 없습니다.

10개월에서 첫 돌 무렵이 아기에게 가장 위험한 시기이므로 눈을 떼지 않고 섬세하게 돌봐주어야 합니다. 안전사고는 대부분 집에서 일어납니다. 식탁 모서리에 부딪칠 수도 있고, 작은 장난감을 삼킬 수도 있고, 콩을 콧구멍에 넣을 수도 있고, 전기밥솥에 델 수도 있는 등 어른 눈에는 대수롭지 않아보여도 철모르는 아이에게는 큰 위협이 될 수 있으니 안전사고에 유의해야 합니다.

태어나서 1년 정도가 가장 중요한 시기입니다. 이때 엄마가 모유를 먹이면서 아이 옆을 떠나지 않고 돌보는 게 가장 좋습니다. 요즘 엄마들 가운데 직장생활을 하는 분들이 많으니 안타까울 뿐입니다. 세상의 모든 엄마들은 아주 중요한 선택을 해야 하는 것입니다. 다 장단점이 있을 텐데, 아이를 생각한다면 엄마가 집에 있는 게 좋겠지요.

한편 돌도 되기 전부터 조기교육이랍시고 욕심을 내는 부모들이 많은데, 넘치는 것은 모자람만 못하다는 것을 알아야 합니다. 어릴 때는 그저 눈 마주쳐주고 어르고 아이에게 이런저런 얘기를 들려주는 등 부모와 아이가 잘 교감할 수 있으면 됩니다. 뇌 발달도 제대로 이루어지지 않은 상태에서 이런저런 조기교육 교재들을 들이대 보았자 효과도 없을뿐더러 아이에게 스트레스만 줍니다. 요새 소아정신과가 성황을 이룬다고 하는데 다 자식 잘 되라고 잘못 공들인 탓입니다.

2~3세는 제1반항기입니다. 부모의 말도 듣지 않고 공연히 짜증을 내고 울기도 합니다. 이는 어린이 마음에 독립심이 강하게 싹텄다는 증거인데, 이때 너무 억압하면 평생 정서장애를 겪을 수도 있습니다. 아이를 돌볼 때 가장 중요한 것은 사랑과 관심입니다. 시간은 다시 돌아오지 않고, 아이는 기다려주지 않는다는 생각을 가지고 최선을 다해 돌봐주어야 합니다.

천일기도 하는 마음으로 손자 손녀를 길러주라

유아기는 환경의 영향을 강하게 받는 때입니다. 특히 3세까지는 부모와 긴밀한 관계를 맺어야 하며, 부모가 옆에 없으면 불안해합니다. 자칫하면 인격형성에 부정적인 영향을 미칠 수도 있습니다. 이 시기에 좋지 못한 환경에서 자란 아이는 문제아가 될 수도 있습니다. 화목한 가정환경에서 부모의 풍부한 사랑을 받으면서 자라야 친구와도 잘 어울릴 수 있습니다. 특히 "세 살 버릇 여든까지 간다."는 속담처럼 이때의 습관이 평생 간다는 것을 잘 아실 것입니다.

부모는 자녀의 거울, 살아있는 인생교과서입니다. 부부간은 물론이고 모든 사람에게 친절하게 성심성의껏 대하는 것을 보여주고, 평상시에 질서, 배려, 예의, 인내, 극기의 습관을 길러주어야 합니다.

무엇보다도 이 땅의 어머니들에게 들려주고 싶은 얘기가 많습니다.

세상에서 가장 친근한 유대감은 어머니와 자녀 사이에 있을 것입니다. 어머니의 일생 중에서 가장 신성한 의무와 보람은 자녀들을 잘 키우는 것입니다. 육아야말로 자신에게 주어진 한량없이 귀중한 기회입니다. 어머니의 생각과 감정은 자녀에게 강력한 영향을 끼치므로 자녀의 운명은 어머니들의 손에 달려 있다 해도 과언이 아닙니다. 어머니들의 감화와 모본이 자녀들의 성품과 운명에 영향을 끼친다는 사실을 명심하고, 오직 참되고 선하고 아름다운 것만을 반사하며 자녀를 양육해야 합니다.

대지 같고 바다 같은 거룩한 모성은 자녀를 훌륭하게 기를 뿐만 아니라 남편의 인생도 열어줍니다. 여성은 행복한 가정을 일구는 주인공입니다. 부모와의 건강한 애착이 행복한 삶의 결정적 요소라는 것을 인식하고 아이를 사랑으로 대할 때 아이도 행복하고 부모도 행복해집니다.

그런데 요즘은 맞벌이 가정이 많아 아주 어릴 때부터 놀이방이나 어린이집에서 자라는 아이들이 많은데 참으로 안타까운 현실입니다. 사실 인생에서 1세부터 만 3세까지가 가장 중요한 시간임을 알면서도 직장을 그만둘 수 없어서 눈물을 흘려가며 아이를 기르는 부모들이 많을 것입니다. 직장 때문에 떨어져 있는 시간은 어쩔 수 없더라도 퇴근 후 짧은 시간이라도 따뜻하게 안아주며 사랑과 관심을 주어야 합니다.

가정에서 부모와의 인간관계가 원만하게 잘 정립되어야 세상에 나가서 당당하고 건실한 삶을 살아갈 수 있습니다.

그리고 손자 손녀를 돌봐줄 힘이 있다면 맞벌이하는 며느리, 딸을 위해 조부모가 3년만이라도 길러주는 게 좋습니다. 요즘 젊은 조부모들은 취미생활은 해도 손자 손녀는 돌봐주지 않는 경우가 많다고 합니다. 며느리, 혹은 딸이 보는 앞에서 더러운 걸레로 아기 얼굴을 닦아주고, 밥을 씹어서 먹이는 등 일부러 비위생적인 행동을 한다는 얘기도 들리는데, 그래서는 안 됩니다. 3년 천일기도 들어간 셈치고 손자 손녀 정성껏 길러주어서 자식들 앞날을 열어주십시오. "머리 기른 짐승 길러보았자 아무 소용없다."는 말도 있지만 절대 그렇지 않습니다. 어린 아기들을 기르면서 아이들 하는 짓을 보는 게 행복입니다. 아무리 고상한 취미 생활도 아이 기르는 것보다 즐거운 것이 없습니다. 물론 건강이 좋지 않아 힘에 부쳐서 기를 수 없는, 어쩔 수 없는 경우도 있겠지요. 하지만 아이들에게 오히려 힘을 받을 수도 있습니다.

나이 들어서는 수행하고 전법하는 것이 가장 보람 있는 일입니다. 천일기도하는 마음으로 3년 동안 작정하고 어린 손자 손녀들을 길러보십시오. 수행이 절로 됩니다. 또 손주들에게 나중에 따로 부처님 법 전하려고 애쓰지 않아도 됩니다. "관세음보살 우리 ○○", "우리 부처님 우리 ○○" 하는 소리를 듣고 자란 아이들, 그대로 관세음보살, 부처님이 됩니다. 노후 걱정을 따로 할 필요도 없습니다.

내가 아는 보살 중의 한 분은 손자 손녀 잘 기르기 위해서 중앙승가대학 보육학과에 입학해서 우수한 성적으로 졸업하고 손자들을 길러주었습니다. 절에 자주 못 나오지만 가끔 일요일에 와서 아이들 얘기를 하는 것을 보면 보살님이 늦둥이를 본 것처럼 생기발랄합니다. 얼마나 보기 좋은지 모릅니다. 큰 불사를 하고 계시다고 찬탄해 주었습니다. 또 다른 분 중의 하나는 본인이 딸, 아들 손자들을 보는 것에서 나아가 아예 놀이방, 어린이집을 차렸습니다. 어릴 때 길러준 바른 마음이 훗날 어떻게 작용하는지 잘 아는 지혜로운 보살들을 보면서 큰 희망을 품게 되었습니다.

한편 요즘 젊은 아빠들이 육아에 대한 관심이 깊어지고 있는데 참으로 바람직한 현상입니다. 경쟁사회에 지친 가장이 아이를 돌봄으로써 새로운 활력을 찾을 수 있다고 봅니다. 또한 아이에게 그야말로 조건 없는 사랑, 헌신적인 사랑을 주면서 불자의 이상적인 모습인 대자대비 관세음보살이 되리라 생각합니다.

아이들은 사랑과 감동을 먹고 자란다

요즘 문제아가 많고, 불특정 다수를 향한 범죄가 느는 것은 부모 자격을 갖지 못한 이들이 아이를 낳고 제멋대로 기르기 때문입니다. 부모 자신도 불안하고 우왕좌왕하는데 자식인들 편안하게 잘 기를 수 있겠습니까? 마음공부를 통한 안심입명은 세상살이뿐만 아니라 자녀교육에 있어서도 필수적인 것입니다.

자녀를 대할 때 부모의 기본적인 안정감이 자녀에게 안정된 기반을 제공하여 아이를 편안하고 밝게 성장할 수 있도록 도와줍니다. 이럴 때 부모는 자녀의 확실한 의지처가 되는 것입니다. 아이와 보살피는 사람 사이에 형성되는 쌍방향의 감성전달 체계가 아이의 생명줄이 됩니다. 아이는 눈 맞춤과 미소, 울음을 통해서 자기의 마음을 표현합니다. 이러한 기본적인 교감이 원활한 사회생활을 위한 기반이 되고,

지적 발달에도 도움을 줍니다. 이때 무관심하여 반응하지 않으면 아이는 비참한 상태가 되고 자주 아픕니다. 아무런 이유도 없이 아이가 자주 아프다면 그 원인을 잘 살펴야 합니다. 어른도 그렇지만 아이들의 경우 심리적인 이유로 아픈 경우가 많기 때문입니다.

아이들은 사랑과 감동을 먹고 자랍니다. 똑같은 환경, 즉 음식과 의복, 침구 등을 완벽하게 갖추어 놓았더라도 영아원, 고아원에서 자란 아이들이 신체발달도 늦고 뇌 발달도 늦고 잔병치레도 많다는 통계가 있습니다. 왜 그렇겠습니까? 아이들에게 사랑이 부족해서입니다. 아이들이 손짓, 발짓을 할 때마다 함께 박수를 쳐 주고, 감동하고, 사랑해 주는 부모가 없기 때문입니다. 아이들은 어른들의 반응을 보고 배웁니다. 어떤 행동을 했을 때 잘한다고 격려해 주면 그 행동을 잘 하기 위해 노력하고, 그릇된 행동을 했을 때는 단호하게 안 된다고 해야 옳지 않은 일인지 압니다.

갓난아이일수록 부모와 가족이 감미로운 안정감을 제공해야 합니다. 안정감이 충족되었을 때 뇌는 사랑받는 즐거움 말고도 신경전달물질인 옥시토신을 분비한답니다. 어릴 때부터 안정된 분위기에서 사랑받고 자란 아이들은 훗날 우정과 낭만적 친밀감 등이 동일한 회로를 활성화하여 밝고 사랑스러운 성인으로 성장하게 되는 것입니다.

하지만 어머니가 무관심하거나 무시하고 강요하면서 거리를 두면 아이는 입을 다물고 불안 공포감이 생기며 자라서도 부모와 친밀감이 없습니다. 또한 불안하고 정신없는 어머니는 아이가 필요로 하는 것을 맞추어 주기가 어렵기 때문에 의지할 대상이 못 됩니다. 또한 아이를 세심하게 보살펴 주지 않으면 나중에 집착하는 식으로 반응하기도 합니다. 이런 아이는 다른 이와의 파장을 맞추기가 어려워 성인이 되어서도 인간관계가 원만하지 않은 경우가 많습니다.

실제로 내가 아는 정신과 의사가 상담한 사례에 의하면, 20대 젊은 남자 환자가 있었는데, 의처증이 심하고, 아내에게 너무나 집착한다고 합니다. 독점을 하지 않으면 불안하고, 버림받는 느낌이 올라온다는 환자의 병인(病因)은 어릴 때 어머니의 사랑을 받지 못한 데 있었습니다. 초등학교 때 사망한 환자의 어머니는 환자가 아주 어릴 때부터 깊은 병이 들었기 때문에 어머니의 사랑 깃든 보살핌을 전혀 받지 못했습니다. 늘 허전하고 때론 버림받은 느낌이 들었는데, 그것이 잠재의식이 되어 지금까지 이어져 왔던 것입니다.

또한 어릴 때 부모 사랑을 받지 않고, 보살핌을 제대로 받지 않은 사람은 피해의식이 많고, 남을 믿지 못한다고 합니다. 사랑을 받아 보지 않았기 때문에 다른 사람을 사랑할 줄도 모릅니다. 어릴 때부터 불행감이 그 사람을 감싸고 있기 때문에 행복한 삶에도 익숙하지 않아 행복을 누릴 줄도 모르는 것입니다. 행복이 자기에게 찾아와도 받을 줄 모르고 멀리 하는 게 습관화되는 것이지요. 그래서 업이, 습이 무섭다는 것입니다. 행복해지는 습관은 어릴 때부터 길러야 합니다.

어릴 때 먹는 음식이 평생 건강을 좌우한다

행복한 마음의 습관을 어릴 때부터 길러야 하는 것처럼 식습관 또한
마찬가지입니다. 아니 건강 나아가 목숨과 직결되어 있기 때문에 식습
관을 더욱 잘 길러야 합니다. 그동안 익히 알고 있었고, 짐작은 해왔
던 일인데, 얼마 전 발표된 『영양문제특별위원회 보고서』가 세계적으
로 커다란 충격을 불러일으켰습니다. 이 보고서는 세계 최고의 권위를
자랑하는 미국 상원에서 수백 명의 전문가와 '미국 국립암연구소',
'영국 왕립의학조사회의'를 비롯한 수십 개의 연구기관을 총동원하여
조사 심의하여 발표한 것이기에 더욱 큰 반향을 일으켰습니다.

"현대인의 영양상태 악화는 식품가공의 발달에 따른 영양소의 손
실 내지는 파괴로 인한 것이며, 더욱이나 그릇된 영양지식에 따른
식생활의 잘못에 기인하는 것이다. 그러므로 우리들은 식품산업의
거대한 광고에 대하여 비판력을 키워야 하며, 그 횡포로부터 자신
과 가정을 지킬 수 있어야 한다. 또 영양지식의 독점으로부터 건강
을 스스로 지키는 데 필요한 지식을 해방시키는 건강자위운동을 벌
여야 한다."

- 『영양문제특별위원회 보고서』

"분명한 사실은 우리들의 식생활 양식이 지난 반세기 동안 부정적

으로 변천해 왔으며, 그 결과 우리들의 건강에 지대한 악영향을 끼치고 있다는 것이다…. 지방이나 설탕, 그리고 소금의 지나친 섭취는 여러 가지 치명적인 병들 가운데서도 특히 심장병, 암, 뇌졸중과 직접적인 연관성을 가지고 있다. 미국인의 10대 치명적인 질병 가운데 6가지는 그 원인이 우리들의 식생활에 연관되어 있다."

- 조지 맥거번 미 상원의원

여러분도 이미 다 알고 있는 내용일 것입니다만 그 심각함을 곱씹기 위해서 인용해 보았습니다.

몇 년 전 일입니다. 초등학교 저학년 아이가 엄마와 함께 절에 왔는데 산만하기가 이루 말할 수가 없었습니다. 이리 갔다 저리 갔다 정신이 하나도 없습니다. 처음에는 '저 아이가 호기심이 많은가 보다'라고 생각했는데 좀 더 지켜보니 그 정도가 너무 심했습니다. 잠시도 가만히 있지 못하는 아이의 상태를 보아하니 요즘 신문지상에 자주 언급되는 '과잉행동장애, 주의력 결핍장애'인 것 같았습니다. 아이 엄마와 차를 한잔 하면서, "쟤가 즐겨 먹는 음식이 뭡니까?"라고 물었습니다. 그녀는 "음료수, 라면, 과자, 햄버거를 좋아합니다. 요즘 애들 다 그래요."라고 하더군요. "혹시 아침은 먹고 다닙니까?"라고 되묻자, "아침에 바빠서 대충 씨리얼을 우유에 타먹고 갑니다."라고 대수롭지 않게 말하는 겁니다.

참으로 답답했습니다. 아직까지도 식품첨가물이 얼마나 무서운
지 모르는 모양입니다. 집에서 밥 짓고 빨래하고 청소하는 일을 뭐라
합니까? 살림이라고 합니다. 생명을 살리는 일이 살림입니다. 살림을
잘 못하면 생명을 죽일 수도 있습니다. 주부들이 아이들의 생사여탈권
을 쥐고 있다 해도 과언이 아닙니다. 아이들이 밥 안 먹는다고, 또 반
찬 만들기 번거롭다고 과자나 씨리얼, 음료수, 햄버거라도 먹으라며
떠안기는 일이 많은 것 같은데, 참으로 답답한 노릇입니다. 무심코 먹
는 인스턴트식품 속에 들어있는 첨가물이 얼마나 무서운지 모르는 무
지의 소치입니다.

이런 유해요소가 들어있는 먹을거리 때문에 요즘 아이들이 주의
력 결핍, 과잉행동장애, 선천성 장애가 옵니다. 심지어 청소년들이 예
전보다 더 폭력적인 까닭이 음식물 때문이라는 것입니다. 인간이 발명
한 최고의 속임수가 먹어도 좋다고 표시되어 있는 식품첨가물입니다.
앞서 인용하였듯이 이미 세계의 선각자들은 잘못된 음식문화를 인류
최대의 위기라고 규정하였습니다. 당대에는 발현되지 않을 수 있을는
지 모르지만 유전인자로 후대에까지 전해져 언젠가는 치명적인 증상
으로 나타날 것이라고 합니다.

어릴 때 길들여진 식습관이 평생 건강을 좌우한다는 사실을 뼛속
깊이 각인시키십시오. 힘들더라도 반찬거리를 사서 사랑으로 염불하
면서 정성껏 음식을 만들어 먹일 때 아이는 몸뿐만 아니라 마음도 건

강해집니다. 인스턴트식품을 먹지 않은 덕에 정서적으로 안정되고, 집중력이 강화되면 학업성취는 자연적으로 이루어질 것입니다.

육아정보는 넘쳐나도 세상에서 가장 힘든 게 자식 제대로 잘 기르는 것일 듯합니다. 중요한 것은 부모가 중심을 잃지 않고 안정된 상태에서 자녀를 기르는 것입니다. 참선이든 염불이든 수행을 통해 마음의 안정을 찾는다면 어떻게 자녀를 길러야 할지 지혜가 샘솟을 것입니다.

시시때때로 기도 수행하는 부모, 자녀에 대한 깊은 사랑과 관심이야말로 우리 가정에 태어난 새로운 붓다를 성장시키는 데 좋은 영약입니다. 아울러 내 자녀뿐만 아니라 남의 자녀도 잘 키울 수 있도록 시간을 내어 봉사하고, 가난한 이웃을 위해 보시하는 것을 생활화하여 공덕을 지으십시오. 그 복덕으로 내 자녀가 더욱 훌륭하게 성장한다는 인과법을 믿고 실천한다면 만인을 행복하게 하는 육아에 성공할 수 있을 것입니다.

4장

행복한 인생의 주춧돌

자녀는 부모의 그림자를
보고 자란다

얼마 전 주말에 불자 한 분이 잔뜩 흐린 얼굴로 찾아왔습니다. 심한 부부싸움을 하고 집을 나왔는데, 마땅히 갈 데도 없고 해서 고민하다가 발길이 절로 향했다는 것입니다. 다른 갈등은 없는데, 자식교육문제에 있어서는 부부가 늘 부딪친다면서 하소연을 합니다.

사실 적으면 20년, 많으면 30년, 아니 평생을 해야 하는 자식농사에 대해서는 정답이 없습니다. 개개인의 성품에 따라 교육방법도 달라져야 하기 때문에 뭐라 조언하기도 힘듭니다. 하지만 예나 지금이나 자녀교육에 있어 꼭 지켜야 할 원칙이 있습니다. 그 중에서 가장 중요한 것이 가정의 화목인데 자녀교육 때문에, 자녀 앞에서 이혼을 하고 싶을 정도로 크게 다투었다고 하니 한숨이 절로 나왔습니다.

이런 얘기, 저런 얘기를 해 주자, 그 불자는 금세 환해져서 돌아갔습니다. 물론 그분이 받아들일 준비가 되어 있기 때문에 마음이 풀렸을 것입니다. 상대방에 따라 방편 설법을 해 줄 수 있어야 합니다. 글 또한 마찬가지인데, 자식도 낳아보지 않은 노비구가 자녀교육에 대해 조언한다는 것이 어불성설이 아닌가 싶기도 합니다. 그래서 원칙론적인 입장에서 한 말씀 드리고자 합니다.

부부화합은 자녀교육의 생명입니다. 가화만사성(家和萬事成)은 상식입니다. 자녀는 부모의 그림자를 보고 자라는데, 부모의 갈등 속에서 자녀가 제대로 성장할 수 있겠습니까?

교육은 일관성이 있어야 합니다. 자녀에게 친구와 싸우지 말라, 다른 사람을 배려해야 한다, 양보하면서 살아라, 역지사지(易地思之, 처지를 바꾸어서 생각)하라, 더불어 살아야 한다 등등 좋은 얘기를 다 해 주면서 정작 부부지간에는 배려하지 않고 양보하지 않고 처지를 바꾸어서 생각하지 않아 싸운다면 자녀가 무엇을 배우겠습니까?

또한 자녀 앞에서 부부싸움을 할 경우 자녀는 극심한 스트레스를 받고, 집중력이 떨어져 학업에도 열중할 수 없고, 부모가 원치 않는 길을 걷게 될 수도 있습니다. 아주 어린 자녀도 마찬가지입니다.

예전에 사찰의 3박4일 여름불교학교에 참가한 일곱 살짜리 꼬마들이 하는 얘기를 듣고 깜짝 놀란 일이 있습니다.

"애, 너는 어떻게 여기 왔니?"라는 여자아이의 질문에, "엄마 아빠가 날마다 싸우잖아. 속이 시끄러워서 절에 데려다 달라고 했어."라는 사내아이의 대답에 무릎을 쳤습니다. 아이들이 작아서 모르는 것 같아도 다 압니다. 속이 다 차서 나름대로 생각이 다 있습니다.

만일 자녀에게 "네 엄마 때문에, 아빠 때문에 못살겠다. 너만 아니면 당장이라도 갈라설 텐데…." 하며 원망 섞인 말을 해댄다면 아예 자녀교육을 기대하지 말아야 합니다. 자기 인생에 대해 긍정할 때 능력이 발휘되고, 모든 일이 성취되는 것입니다. 아이들에게는 부모가 바로 자기 인생입니다. 그렇기 때문에 엄마가 혹은 아빠가 자기 인생의 큰 부분을 부정하고 원망하면 아이 또한 자기 인생 자체를 부정하게 되는 것입니다.

아직 스스로 부처임을 깨닫지 못한 인간인지라 갖가지 습에 휘둘려 화도 나고 짜증이 날 때도 있겠지만 사랑하는 자녀 앞에서는 그런 표정을 짓지도 말아야 하고, 절대 부정적인 말도 해서는 안 됩니다. 인간은 사랑받고 있다는 것을 느낄 때 삶에 대한 긍정적인 태도, 안정감을 갖게 됩니다. 그래야 행복한 인생을 가꿀 수 있는 것입니다.

요즘 두 쌍이 결혼하면 한 쌍이 이혼하는 세태라 하는데, 정말 도저히 같이 살 수 없는 상황이어서 이혼을 했다면 자녀에게 잘 이해시켜야 합니다. 비록 엄마, 아빠는 뜻이 달라서 같이 살 수 없게 되었지만, 자녀를 사랑하는 마음만큼은 변함이 없다는 것을 각인시켜 주십시오. 자녀를 위해 예전보다 더 많은 신경을 써주고, 정말 열심히 기도해 주고 늘 대화를 통해 문제가 없는지 살펴 주십시오.

시공을 초월하여 마음 끈이
이어져 있는 부모 자식

인격적으로도 성숙하고 학벌도 좋고 집안도 좋은 분인데, 남편의 외도로 이혼을 했습니다. 그야말로 인생에 단 한 번도 힘든 고비가 없었던 사람이 이혼을 하였으니 그 충격이 매우 컸겠지요. 그녀는 어린 자식이 보고 싶어 우울증까지 걸렸다고 합니다. 우울증 환자가 무서운 것이 자신도 모르는 사이에 자살 시도를 하는 것입니다. 그녀도 자살을 시도했다가 주위사람의 도움으로 살아났다고 합니다. 그녀의 상태가 심각한 것을 알아차린 친지가 그녀에게 불법을 전해주었습니다. 다행히도 부처님 법을 만나 마음을 다스릴 수 있었다고 합니다.

그래서 세상살이에는 역경과 고난도 필요한 것입니다. 너무나 순탄하기만 하면 마음공부를 할 필요성조차 못 느끼는 경우가 많습니다. 그런데 삶의 고통에 직면했을 때 마음공부를 하면 그 깨달음이 평소보다 급진전하기 때문입니다.

　　그렇기 때문에 모든 상황을 감사하게 긍정적으로 받아들이는 게 중요합니다. 얄궂은 운명의 장난에 얽혔을 때 '아, 지금 내 인생에 큰 공부거리가 생겼구나.' 하는 마음을 가지면 슬픔도 슬픔으로만 받아들여지지 않고, 아픔도 아픔만이 아닌 행복의 씨앗으로 여길 수 있는 것입니다. 앞에서도 언급하였지만, 똑같은 상황에 직면했을 때 그것을 어떻게 바라보느냐에 따라 그 결과는 천지 차이가 납니다.

　　그녀는 죽고 싶을 정도로 깊은 절망감을 마음공부로 극복하고, 독실한 불자가 되었습니다. 그리고 자기 자식에 대한 그리움이 뼈에 사무칠 때마다 고아원에 봉사하러 갔습니다. 고아원 아이들의 몸을 씻겨주고, 놀아주고, 밥을 먹여주는 봉사 활동을 하면서 가슴 속으로 흐르는 눈물을 닦으면서 멀리서나마 자식을 위해 엄마가 없어도 밝게 잘 자라기를 기도했다고 합니다.

　　그렇게 세월이 흐를수록 그녀에게는 기른 자식들이 많아졌습니다. 비록 자주 만나지는 못해도 낳은 자식이 잘 성장했다고 합니다. 요새는 다 커서 자식과 전화통화를 자유롭게 하는데, 엄마에 대해 자랑스러워하고 고마워한답니다. 이렇듯 눈에 보이지 않는 것 같아도 공덕은 없어지는 것이 아닙니다. 그리고 자녀를 위해 기도하는 어머니의 마음은 그대로 전해집니다. 그게 마음법입니다. 부모와 자식은 시공을 초월하여 마음의 끈이 이어져 있는 것입니다.

연세가 드신 분들 중에는 몇 십 년 전에 소개되었던 '어머니의 기도로 아들이 기적같이 살았다'는 내용의 신문기사를 기억하실지도 모르겠습니다. 배 타는 아들을 위해 그 어머니가 매일 부처님 전에 기도를 하였습니다. 위험한 바다에서 고생하는 아들 생각을 하면 그냥 앉아있을 수 없었습니다. 어머니는 앉으나 서나 오로지 아들의 무사안녕을 기도하였습니다. 그런데 어느 날 풍랑이 일어 아들이 탄 배가 뒤집혔습니다. 그 배에 타고 있는 사람들이 거의 다 바다에 희생되었습니다. 그런데 그 아들은 어디선가 나타난 거북의 등에 타서 구사일생으로 살아 돌아온 것입니다. 이렇듯 기적 같은 일이 우리 생활 속에 다반사로 일어나고 있습니다.

몇 년 전에 열반하신 화엄 스님의 출가 인연 이야기 또한 그 어머니의 기도와 무관치 않습니다. 화엄 스님은 참선과 기도로 득력하셨고, 그림과 서예에 달통하신 분으로 유명합니다. 무심(無心)으로, 일필휘지로 구사하는 달마도는 선화(禪畵)의 독보적 경지를 구가하고 있다는 평을 받으셨지요. 화엄 스님은 출가하기 전에 '아들을 의사로 만들어 독립운동가들을 돕겠다.'는 모친의 권유로 일본의 대판의전을 졸업하셨습니다.

1944년 화엄 스님은 태평양전쟁 때 학도병으로 끌려갔습니다. 그때 모친이 매일 저녁 등을 밝혀 놓고 지장보살님께 지극정성으로 기도하였다고 합니다. 그런데 어느 날 기도하다 보니 등이 잠깐 사라졌다가 다시 돌아와서 이상하게 여겼답니다. 나중에 알고 보니 등이 없어졌던 바로 그날 밤 화엄 스님은 어머니가 부르는 소리를 듣고 잠결에 막사에서 뛰어나와 등불을 따라갔다고 합니다. 등불을 따라 나온 순간 미군들이 막사를 폭격하여 막사에 있는 사람들은 다 죽고 스님 혼자만 살아남은 것입니다. 화엄 스님은 포로로 잡혔다가 돌아오게 되었는데, 부산에서 어머니와 극적인 상봉을 하였다고 합니다.

사실 그렇게 신심 깊은 어머니와 만난 것도 전생부터 맺어진 좋은 인연 덕분일 것입니다. 그 후 화엄 스님은 전쟁 때 입은 상처를 치유하기 위해 범어사로 갔다가 출가하셨습니다. 화엄 스님의 출가 인연 이야기도 대단히 신비합니다. 너무 아파하니까 어른스님들이 천수다라니를 열심히 지송하라고 했답니다.

화엄 스님은 천수다라니를 하면서 여러 가지 신통력이 열렸던 것 같습니다. 이 신통력이라는 것을 멀리 경계해야 하는 것이긴 합니다. 하지만 당사자에게는 수행하면 인간의 한계를 극복할 수 있을 것이라는 신심이 증장되고, 더욱 열심히 정진하여 부처가 되겠다는 각오를 다질 수 있는 계기가 되기도 합니다. 화엄 스님도 천수다라니를 통해 신이한 체험을 하신 연후에 자신 있게 출가를 하셨고, 이후 용맹정진을 함으로써 견처(見處)가 열리셨지요.

위와 같이 부모의 기도가 자식의 인생에 크나큰 역할을 한다는 것을 아시겠지요. 죽느냐 사느냐의 기로에 있을 때 부모의 간절한 기도가 자식의 목숨을 살릴 수도 있는 것입니다. 그 정도로 부모와 자식의 인연의 끈은 질긴 것입니다. 그런데 요즘에도 무심결에 자식에게 좋지 않은 욕을 하는 분들이 있습니다. 말이 씨가 된다고 절대로 자식에게 나쁜 소리를 해서는 안 됩니다. 자식에게 "빌어먹을 놈"이라고 욕하면 빌어먹을 놈밖에 안 되는 것입니다. 미운 짓을 하면 더 나쁜 짓을 안 하니 감사하다 여기고, 공부를 못하면 건강하게 잘 살아주니 감사하다고 해야 합니다. 그렇게 감사한 마음으로 기르면 감사할 일만 생깁니다. 감사는 감사를, 행복은 행복을 끌어당깁니다. 마음의 법칙이 그런 것입니다.

가정은 최초, 최고의 학교

예나 지금이나 어느 사회를 막론하고 교육은 가장 큰 과제입니다. 가정은 한 사람에게 있어 최초, 최고의 학교입니다. 가정에서 어떤 대우를 받고 어떤 교육을 받고 자랐는지에 따라 그 사람의 일생이 결정될 수도 있습니다. 물론 "개천에서 용 난다."는 속담처럼 간혹 예외적인 경우도 있습니다. 하지만 대체적으로 "자녀를 보면 그 부모를 알 수 있다."는 말처럼 효자 가문에서 효자 나고, 명문가에서 위대한 인물이 배출되었습니다.

예부터 엄부자모(嚴父慈母, 엄격한 아버지와 사랑이 깊은 어머니)라 하였듯이, 어머니는 사랑과 예의·배려를, 아버지는 극기와 용기·인내를 가르쳐야 합니다. 따뜻한 사랑과 자비심이 충만한 가정에서 자란 사람에게 따뜻하고 자애로운 품성이 형성될 것은 자명한 사실입니다. 인격적인 부모 밑에서 자라야 인격자, 성공자가 되는 것입니다. 가정에서 부모와의 인간관계가 원만하다면 세상에 나가서 당당한 사람이 되고, 폭넓은 인맥을 형성하여 성공할 수 있습니다.

그런데 만약 부모와 인간관계가 잘못 되면 처처에 거리끼고 문제아, 사회부적응아가 되더라는 것입니다. 즐거운 곳에서 날 오라 하지만, 즐거운 곳은 내 고향 부모님 계신 곳이 되어야 하는 겁니다. 아무리 고난이 닥쳐도 부모님 생각을 하면 힘이 나서 새롭게 시작할 수 있는 힘의 원천, 마음의 고향이 되어야 합니다.

자, 여러분 가정은 어떻습니까? 늘 행복한 웃음꽃이 피어나고 있습니까? 냉랭한 기운이 감돌지는 않습니까? 만일 가정에 냉기가 돈다면 잠시 자기를 돌아보십시오. 내 자녀에게, 내 남편 혹은 내 아내에게 너무나 욕심을 부리고 있는 것은 아닌지, 기대치가 너무 높은 것은 아닌지, 자기 자신만 생각하고 다른 사람에 대해서는 전혀 배려하지 않은 것은 아닌지 말입니다.

사실 첫 단추를 잘 꿰어야 합니다. 부모 자식 관계도 그렇고, 부

부 관계도 그렇고 처음부터 잘 맺어져야지 어느 날 갑자기 좋은 관계
가 되는 것은 아닙니다. 자녀가 어릴 때부터 사랑을 듬뿍 주는 한편 가
훈도 써놓고, 가족 구성원으로서 함께 지켜야 할 사항도 적어놓고, 가
족회의도 하고, 가족신문도 만든다면 사회에 나가서도 건전하고 경쟁
력 있는 생활인이 될 수 있을 것입니다.

인간관계 10계명

1. 맨 먼저 인간이 될 것
2. 경청하고 비난 말자.
3. 스승부터 찾아내자.
4. 생명의 은인처럼 만나자.
5. 강렬한 인상을 남겨라.
6. 또 만나고 싶은 사람이 되라.
7. 항상 참고 웃고 칭찬하라.
8. 내 일처럼 동고동락하라.
9. 베풀고 상은 내지 말라.
10. 한번 인맥은 영원히.

부처님의 자녀교육법

석가모니 부처님께서는 삼계도사[三界導師: 중생이 나고 죽으며 떠도는 미혹의 세계(欲界, 色界, 無色界)에서 이끌어 佛道에 들게 해주시는 스승] 사생자부[四生慈父: 胎卵濕化로 태어나는 모든 생물의 자애로운 어버이]이십니다. 부처님께서도 출가하시기 전에 라후라(장애물이라는 뜻)라는 외동아들을 두었습니다. 부처님의 부인이셨던 야소다라 태자비가 라후라에게 아버지인 부처님께 상속을 해달라고 하라고 시켰습니다. 부처님께선 라후라에게 법을 상속해 주시며 출가를 권유하셨고, 부처님의 말씀을 따라 출가한 라후라의 잘못된 행동을 고쳐 주시기도 하셨습니다.

어린 나이에 출가한 라후라의 행동이 어떠하였을까 상상해 보십시오. 라후라는 왕자로 태어나 어릴 적부터 온갖 귀여움을 독차지했겠지요. 아버지인 석가모니 부처님께서 라후라가 태어나기도 전에 출가

하셨으니 조부이신 정반왕이 얼마나 라후라를 예뻐하고 귀여워했겠습니까? 태어났을 때부터 만인의 귀여움과 사랑을 받으며 자란 라후라가 출가하였습니다. 어린 라후라의 입장에서 볼 때 자신은 그 나라 왕의 손자입니다. 게다가 모든 사람들이 우러러 존경하는 부처님의 외아들입니다. 얼마나 큰 배경입니까? 라후라의 자부심은 하늘을 찌르고도 남았을 것입니다.

세상에서 가장 존귀한 분의 아들은 게으름을 피우고 거짓말도 하면서 온갖 개구쟁이 짓을 다 하였습니다. 라후라는 자기처럼 귀한 존재는 그렇게 해도 용서가 될 거라는 생각을 했겠지요. 그런 라후라 때문에 대중스님들의 고통이 이만저만이 아니었습니다. 혼을 낼 수도 없고 말입니다. 경전에는 다음과 같은 얘기가 담겨 있습니다.

부처님께서 어느 날 라후라를 불렀습니다. 당시에는 존경하는 스승에게 발을 씻겨드리는 풍속이 있었습니다. 라후라도 물을 떠다가 부처님의 발을 씻겨드렸습니다.

부처님께서 발 씻은 물을 가리키며, 라후라에게 이 물을 먹을 수 있겠느냐고 묻습니다. 고개를 흔들며 먹을 수 없다는 라후라에게 부처님은 말씀하십니다.

"너는 비록 내 제자이지만 삼독(三毒, 탐내고 성내고 어리석은 마음) 번뇌로 마음이 가득 차 있으니 더러운 물과 같다."

고 하시면서 물을 갖다버리라고 냉정하게 말씀하십니다.

부처님께서는 다시 라후라에게 그 대야에 음식을 담을 수 있겠느냐고 묻습니다. 라후라는 대야가 더러워졌기 때문에 음식을 담을 수 없다고 대답하였습니다.

"그렇다, 비록 집을 나와 사문이 되었지만 네 생각은 거칠며 정진은 게을리 하였으니, 이 대야에 음식을 담을 수 없는 것과 같다."고 하셨습니다. 그리고 부처님께서는 대야를 발로 힘껏 소리 나게 찹니다. 그러면서 "저 대야가 깨질까 걱정하지 않았느냐?"고 묻습니다. 라후라는 "발 씻는 것인데다 값이 싼 거라서 걱정하지 않았다."고 대답합니다.

부처님께서는 단호하게 말씀하십니다.

"너는 지금 이 대야와 같다. 함부로 행동하고, 거친 말과 욕을 하니, 많은 사람들이 너를 아끼고 좋아하지 않는다. 만약 이 버릇을 고치지 아니하면 네가 커도 큰스님이 되지 못함은 물론 아귀나 축생에 태어나는 보를 받게 된다."고 말씀하셨습니다.

그 후로 라후라는 열심히 정진하여 아라한과(阿羅漢果: 최고의 깨달음을 얻어 마땅히 공양을 받을 만한 과위)를 증득하고, 부처님의 10대제자 중 밀행제일(密行第一: 남모르게 수행을 많이 하여 일상의 행 자체가 진리에 계합되다)로 칭송받았습니다.

　부처님께서 하나하나 대화를 통해 교감하면서 라후라를 일깨운 것은 자녀교육에 크나큰 귀감이 됩니다. 부처님께서 일러주신 부모 노릇 다섯 가지(첫째 악한 일 말게 하라. 둘째 착한 일 하게 하라. 셋째 학문과 기술을 가르쳐라. 넷째 때가 되면 결혼시키라. 다섯째 재물의 상속 말고 법의 상속자가 되게 하라)만 잘 실천해도 자녀교육에 큰 도움이 될 것입니다.

 좋은 부모란?

1. 집에서 매일 조금씩이라도 공부한다.
2. 아버지는 극기와 인내를 가르쳐 주고
3. 어머니는 사랑과 예의를 가르쳐 준다.

부모 노릇처럼 힘든 게 없다

아빠의 한 마디가 엄마의 열 마디보다 위력이 있다

얼마 전 중소기업을 건실하게 운영하는 분을 만났습니다. 이런저런 얘기를 나누다가 자녀교육에 대한 이야기가 나왔습니다. 그분이 남매를 잘 길렀기에 물어보면서도 속으로는 별 기대를 하지 않았습니다. 그분의 아내가 차분한 사람이니 아이들의 엄마가 잘 기른 것이겠거니 지레짐작했습니다.

"스님, 아이들에게는 아빠의 한마디가 엄마의 열 마디보다 더 큰 영향력을 발휘합니다."

라고 말씀하시는데 확신에 가득 차 있었습니다. 그리고 아이들 교육에 대해서 이런저런 얘기를 해주더군요. 그분은 그 바쁜 외중에서도 꼭꼭

아침에 아이들과 함께 밥을 먹으면서 눈을 맞추고 이런저런 얘기를 나누었다고 합니다. 호기심 많은 아이들이 꼬치꼬치 귀찮게 물어대도 그때마다 성의껏 대답해 주고, "너는 어떻게 생각하는데?"라고 되물어서 스스로 생각하는 힘을 기를 수 있도록 이끌었다고 합니다.

모르는 내용이 있으면 아이들과 함께 사전을 찾아보기고 하고, 지구본과 지도책을 가까이 두고 세계의 여러 나라를 보여주면서 아이들의 시야를 넓힐 수 있도록 애썼답니다. 또한 아이들이 초등학교 4학년 때까지는 아무리 시간이 없어도 잠자리에 들기 전에 책을 한두 권씩 읽어주었는데, 아빠의 사랑 깊은 음성으로 책을 읽어주면 학습효과가 훨씬 크다고 합니다. 태교를 할 때도 아빠가 책을 읽어주면 남자의 음성이 파장이 넓고 깊어서 잘 전달된다는 얘기는 앞서 해드린 것 같은데, 같은 맥락일 것입니다.

그밖에 특별히 해준 것은 없고 부모가 최선을 다해 열심히 살면서 자식에게 아낌없는 사랑을 주고, 따뜻한 지지를 보내면 아이들 역시 제 할 일을 제대로 하더라, 일요일이면 온 가족이 함께 절에 참배한 것이 큰 공덕이 된 것 같다는 말씀을 들으면서 찬탄의 박수를 쳐드렸습니다.

특히 사업하느라 바쁜 사람이 아이들에게 책을 읽어준 점에 대해 찬사를 보냈습니다. 아빠와 함께 책을 읽으면 인성 교육과 학업 성취 등 일거양득의 효과를 거둘 수 있습니다. 무슨 일이든 소통이 안 되었을 때 문제가 생기는 것입니다. 그런데 아이들과 책을 읽고 대화하면 저절로 소통이 되고, 정서가 안정되고 집중력이 강화되어 공부도 잘하고 배려 깊은 사람으로 성장하게 되는 것입니다.

그분이 말씀하시길, 사업을 하면서 수많은 사람들을 채용하다 보니, 하나의 노하우가 생겼다고 합니다. 예전에는 학업실력을 먼저 보았는데, 이제는 가정환경을 먼저 물어본다고 합니다. 따듯한 가정에서 사랑받고 자란 사람은 비록 처음에는 실력이 좀 뒤떨어진다 하더라도 나중에는 일도 더 잘하고, 직장동료들, 거래처 사람들과 화합을 잘하여 업무성과도 훨씬 좋다는 것입니다. 그러고 보니 그분은 지능지수보다 NQ(공존지수)가 높아야 한다는 얘기를 실생활에서 체험으로 느끼고 있었습니다.

이제는 NQ가 높은 사람과 기업이 살아남는 시대입니다. 오늘날 진가를 발휘하고 있는 NQ는 화목한 가정에서 체득됩니다. NQ를 높이는 여러 가지 방법이 있는데, 다른 사람의 이야기에 귀 기울이기, 먼저 낮추고 배려하기, 양보하기 등 나보다는 너를 먼저 생각해야 하고 먼저 베풀어주어야 합니다. NQ를 높여서 화합하는 것이야말로 인생을 행복으로 이끄는 최고의 지름길입니다.

부처님께서는 언제 어디서 누구에게나 화합될 말만 하고, 화합될 생각만 하고, 대중이 흩어지는 것을 보거든 능히 환희케 하며, 남의 착한 일을 드러내주고, 남의 허물은 숨겨주며, 남이 부끄러워할 것은 덮어주고, 남의 비밀은 발설하지 말고, 작은 은혜라도 입으면 반드시 갚으라고 하셨습니다.

또한 원망하는 이에게 선심을 내며, 원망하는 이와 친한 이가 똑같이 괴로워하거든 원망하는 이를 먼저 구원하며, 헐뜯고 때리는 이에게 불쌍히 여기는 마음을 내며 모든 중생을 부처님처럼 보라고 말씀하셨습니다.

가정에서부터 부부간, 자녀간에 서로 존중하고 더불어 함께 사는 NQ를 높여 생활 속에 실천하면 학교, 사회에 나와서도 화합하게 되고, 저절로 이 세상이 평화로워집니다.

자비롭게 바라보면 길이 보인다

요즘 자녀교육에 올인하는 부모들이 많은데 쓸데없이 생활비의 대부분을 자녀교육비로 쏟아 부어 생활고에 허덕이지 말고, 아이들이 무엇에 관심을 가지고 있는지 대화를 나누고 진짜 자기 아이에게 필요한 것이 무엇인지 제대로 지원해야 합니다. 전혀 소질도 없는 아이에게 부모 욕심만 앞서서 '이거 해라 저거 해라' 요구한다면 아이들은 부모의 은혜를 생각하기는커녕 적개심이 생기고 반항을 하기도 합니다.

돌을 비비면 나만 곱겠습니까? 부모가 자식을 위해 온갖 것 다 내주는 것은 봉사도 아니고 희생은 더더욱 아닙니다. 그런데도 자식이 부모 마음을 몰라주면 서운하기만 합니다. 부모의 님이 자녀라 하면 자녀의 님은 부모가 되어야 하는데 서로 마음을 모른 채 평행선을 달리고 있으니 속상해하면서도 어찌 할 바를 몰라 헤맵니다.

불자들은 그 모든 고민을 부처님께 여쭤보아야 합니다. 부처님께서는 어떻게 하셨을까? 앞에서 라훌라와의 일화를 소개했지만, 부처님은 모든 중생 하나하나에 맞춰서 팔만 사천 방편법문을 설하셨습니다. 자녀교육도 그렇게 해야 합니다. 어떤 선입견도 배제한 채, 아이의 월령, 성격, 그 때 그 때 상황에 따라 맞춰서 도와주어야 하는 것입니다.

내가 아는 보살님 중 한 분은 정말 꿋꿋하게 자식을 잘 키웠습니다. 친구 따라 강남 간다는 말이 있듯 자식교육에 있어서도 줏대가 없는 분들이 많습니다. 옷만 유행이 있는 게 아니라 교육도 유행이 있나 봅니다. 이 보살님의 아이들이 어릴 때도 학습지나 학원이 유행이었는데, 하나도 시키지 않았다고 합니다. 다른 부모처럼 끼고 앉아 공부도 시키지 않고, 학원도 보내지 않았으니, 보살님 아들은 창의력과 사고력은 뛰어났어도 공교육에 적응하지 못해 학업성적은 뛰어나지 않았다고 합니다. 그래도 아들을 믿어주고 기다렸다고 합니다. 다행히 NQ는 높았나 봅니다. 학업성적은 좀 떨어지더라도 아이가 반듯하고 친구와 사이좋게 지내고 늘 다른 사람을 배려하는 다정다감한 아이였는지라 바라만 보아도 기분이 좋았다고 합니다.

그렇기는 해도 밤늦게까지 친구 집에 가서 밥도 얻어먹으면서 실컷 놀다온 아들을 보면 '관세음보살'이 절로 나왔습니다. 아들을 그대로 받아주기 위해서 끝없는 인내심이 필요한 것이지요. 그러던 어느 날 공부를 해야겠다고 말했을 때 부처님께 감사드렸습니다. 일찍이 원 없이 놀아보았으니 놀 궁리도 하지 않았고, 놀면서 체력을 다진 그 아이는 밤잠을 자지 않고 공부하더랍니다. 다행히 그 보살님 내외가 능력이 있어 아버지는 영어를, 어머니는 수학을 개인 지도해 주어 실력이 일취월장했습니다.

그 보살님은 모든 게 부처님 덕분이라고 합니다. 경전을 보면서 아들을 느긋하게 지켜볼 수 있는 힘을 길렀기 때문입니다. 경전의 '자안시중생(慈眼視衆生)'이라 하여 불보살이 중생을 자비롭게 바라보듯 자비로운 눈으로 아이를 바라보면 아이의 세계가 보이고, 적성을 알게 되고, 이해하게 되었다고 합니다. 그렇게 바라보며 묵묵히 기다려주었던 그 아이는 지금 미국 명문대에 유학 중입니다.

또 한 보살님, 그분은 처녀 때부터 독실한 불자였습니다. 열심히 수행 정진하고, 절에서 하루 종일 봉사할 때도 많았습니다. 본인이 다니는 재적사찰에 열심히 다니면서도 전국의 절을 찾아다니며 불사가 있다 하면 거의 다 동참할 정도로 열성적이고 신심이 깊은 분입니다. 순조롭게 좋은 남편 만나 결혼도 잘하고, 떡두꺼비 같은 아들도 낳았습니다. 외아들을 기르면서도 그분은 남들처럼 극성을 떨지 않았습니다. 아이와 대화를 나눌 때도 학업에 대한 것은 제쳐두고 부처님 법에 대해 얘기해 주었습니다. 아이 또한 전생부터 불연(佛緣)이 깊었는지 어머니의 말을 들으며 곧잘 부처님 법을 이해했다고 합니다. 현재 국내 명문대에서 경영학을 전공하고 있는데, 유마 거사의 후예가 되어 불사를 돕겠다는 뜻을 밝히는 이 학생을 보면 마음이 든든해집니다.

참으로 이렇게 훌륭한 부모가 있어 그나마 다행이라는 생각이 듭니다. 하지만 대부분의 사람들은 세상에 하고 많은 일 중에 부모 노릇보다 힘든 게 없을 거라는 하소연을 합니다. 제가 보기에도 그렇습니다. "가지 많은 나무 바람 잘 날 없다."는 속담처럼 자식 걱정에 부모들은 평생 고민합니다. 오죽하면 "무자식이 상팔자"라며 푸념하는 이들이 많겠습니까. 옆에서 자식 걱정에 속 끓이는 부모들을 지켜보면 '참으로 인욕보살이로구나' 하는 생각이 절로 듭니다.

부모 노릇 잘 하는 것만으로도 성불할 수 있을 것입니다. 몇 가지 부모 노릇에 대해 메모해둔 게 있어 소개하면서 마치겠습니다. 이 가운데 하나라도 제대로 실천하면 하나가 통하면 만 가지가 통하듯 좋은 결실을 맺을 수 있을 것입니다.

1) 부모는 스승이다. 솔선해서 효행을 해야 한다. 2) 5가지 부모 노릇을 한다. 3) 10가지 부모님 은혜되게 한다. 4) 부모가 먼저 공부 습관을 들인다. 5) 마음 공부를 하며 자적하자. 6) 자녀 교육은 나 전

달법을 실천해야 한다. 7) 과잉보호, 학대를 하지 말아야 한다. 8. 운다고 무조건 먹이지 말라(음식으로 달래면 안 된다). 9) 자녀 7세 때 억압하지 말라(성격 장애가 될 수 있다). 10) 아무리 불효해도 막말 하지 말라. 11) 법(진리)의 상속자로 만들어라.

며느리, 사위 좋은 일만 시켰다(?)

"부모 노릇보다 힘든 게 없다."는 말에 전적으로 동의한다면서 자녀교육에 대해 더 자세하게 얘기해 달라는 사람들이 많았습니다. 그러고 보면 이 원고는 내가 쓰는 게 아니라 여러 사람들이 함께 쓰는 공동 작업이라 해도 과언이 아닙니다. 사람들의 제각각 다양한 사연을 들으면서 자녀교육에 대한 조언을 하게 된 데다, 또 얘기를 듣다보면 그분들의 말을 통해서 지혜를 얻게 되니 말입니다.

사실 자녀를 기르는 동안 여러 가지 시행착오를 한 부모들이야말로 자녀를 잘 기르는 비법, 자녀교육의 다양한 노하우가 축적되어 있을 것입니다. 하지만 그럼에도 불구하고 나 같은 조언자가 필요한 것은 객관적인 입장에서 바라볼 수 있기 때문입니다. 부모, 특히 뱃속에 열 달 동안 품고 길렀던 어머니의 경우, 자녀를 객관적으로 바라보기도 힘들고 애착하기 쉽습니다. 자녀와 자신이 둘이 아닌 하나로 느껴지기 때문에 자녀의 일거수일투족에 울고 웃기 일쑤입니다. 자녀가 공부를 잘하면 자기가 공부를 잘한 것처럼 양 어깨가 으쓱거려지고, 자녀가 공부를 못하면 본인이 학습부진아가 된 듯 위축되어 그만큼 더 심하게 닦달을 합니다. 오늘날 과도하게 사교육에 매달리고, 힘에 부칠 정도로 자녀교육에 올인하는 것도 다 자신과 자녀를 동일시하는 마음, 또 그로 인한 집착에서 비롯된 것이라는 생각이 듭니다.

그런데 "차라리 유학 보낼 돈 모아서 노후대책이라도 세워둘 걸 그랬습니다." "기껏 공부시켰더니 며느리 좋은 일만 시켰어요. 지 마누라한테 빠져서 부모는 돌아보지도 않아요."라며 하소연하는 이들이 많습니다. 원래 세상이 그런 것입니다. 물이 아래로 흐르듯 사랑도 내리사랑입니다. 본인부터 생각해보십시오. 갖은 고생 다하면서 길러준 부모님에 대해 효도를 했는가, 자식 사랑하고 자식 걱정하는 데 시간을 보내고 있는가? 똑같은 것입니다. 내 부모님도, 내 시부모님도 똑같은 심정이었을 것입니다.

그렇게 늘 속상해하면서도 주파수가 자식에게 향해 있는 것이 부모 마음입니다. 자식에 대한 집착에서 벗어나라고 하면 더 집착하는 게 사람 마음입니다. 모든 부모들이 자기 자식에게만 주파수를 보냅니다. 그러다보니 부모 생각은 안중에도 없습니다. 그래 요즘 "아들 하나 가진 부모는 골방에서 죽고, 둘 가진 부모는 이 집 저 집 옮겨 다니다가 교통사고로 죽고, 아들 셋 가진 부모는 어디에도 갈 데가 없어 길거리에서 횡사한다."는 자조 섞인 소리도 들리더군요. 참으로 슬픈 일이지만 부처님 당시에도 그런 일이 있었습니다.

사밧티 성에 아주 부유한 부부가 살았습니다. 재물도 넉넉하고 자식들도 14명이나 있는 다복한 가정이었지요. 자식들이 인물도 좋고 공부도 잘했습니다. 세상에 부러울 것 없이 없었지요. 어느 날 남편이 세상을 떠나고 부인이 그 많은 재산을 관리했습니다. 그러자 자식들이 찾아와 재산을 나누어줄 것을 요청했습니다.

"어머니, 이제 저희에게 재산을 물려주십시오. 설사 어머니 한 분 잘 모시지 못할까 봐 재산을 물려주지 않으십니까?"

자식들이 기를 쓰고 졸라대자, 전 재산을 골고루 나누어주었습니다. 빈털터리가 된 어머니는 큰아들 집에서 살았습니다. 얼마 지나지 않아 며느리가 불평을 하는 것입니다.

"어머니께서는 저희에게만 재산을 나누어주신 것도 아닌데 저희 집에만 계시네요. 동생들에게도 재산을 나누어주셨으니 공평하게 돌아가면서 사셔야 되는 것 아닌가요."

결국 어머니는 큰며느리의 불평에 밀려 둘째아들 집에 갔습니다. 그 집에서도 푸대접을 받고 다른 아들들의 집을 돌아다니다가 딸네 집도 다녀보았지만 가는 곳마다 귀찮아하였습니다. 세월이 흐를수록 자식들의 괄시는 더욱 심해져 마음의 상처를 크게 받았지요. 크나큰 고통을 받은 어머니는 자식들에게 의지하는 것을 포기하고 출가하여 비구니가 되었습니다. 늙어서 출가하였기에 소중한 시간을 낭비할 수 없다고 생각하였습니다. 남은 생이나마 수행에 몰두하겠다는 마음을 단단히 먹고 밤을 꼬박 새워가면서 정진하였습니다. 그러던 어느 날 부처님께서 그녀가 밤을 새워 정진하는 것을 보시고는 신통력으로 광명을 놓으시어 마치 그녀 앞에 앉아 계신 듯 모습을 보이셨습니다.

부처님께서는 "설사 백년을 산다 해도 여래의 가르침을 의지하여 수행하지 않는 사람의 삶은 아무 의미가 없다."고 말씀해 주셨습니다.

그렇습니다. "며느리 사위, 좋은 일만 시켰다."고 억울해 할 것도 없고, 며느리, 사위가 잘한다고 좋아할 것도 없습니다. 자식은 빚 받으러 온 이들이 태반입니다. 잘하는 놈도 못하는 놈도 거기서 거기입니다. 수행을 하면 억울하지 않습니다. 인과관계를 뻔히 알기 때문입니다. 자식을 기를 때도 수행하는 마음으로, 자식을 다 기르고 나서는 더욱 수행에 매진해야 합니다. 자식 다 키워놓았으면 제 갈 길 가도록 놓아주는 것이 훌륭한 부모입니다. 자식에게 집착하는 마음이 클수록 자식과 멀어진다는 것을 명심하고 편안한 마음으로 정진하십시오.

면책 특권을 주지 말라

학교 다닐 때 공부를 잘해서 기쁘게 해 준 아들이 성장해서는 오히려 공부도 못하고 말썽만 부리던 아들보다 못하다는 이들이 많습니다. 많은 사람들이 그 말에 공감하더군요. "못난 자식이 효도한다."는 속담이 왜 나왔겠습니까?

자식의 불효를 하소연하며 억울해 하는 부모들에게 "어떤 생각을 가지고 자식을 길렀는지 생각해 보라."고 묻곤 합니다. 자식이 공부를 잘하면 본인 위신이 선다는 생각에 그저 공부 잘한다고 추켜세우면서, 공부만 하면 된다며 모든 것에 면책특권을 주지는 않았는지 생각해 보십시오.

우리 절에 나오시는 분들 중에 연세 드신 분들도 많은데, 그분들이 가끔 속내를 털어놓으십니다. 할아버지 할머니가 모처럼 오셨는데도 인사만 대충 하고 공부한다며 제 방에 틀어박혀 나오지 않는 자녀를 그대로 내버려둔다고 합니다. 집안의 대소사에 공부를 핑계로 자녀를 동석시키지 않는 것은 물론이고, 며느리가 자기 자식 시험기간이라며 시부모 생신도 챙기지 않는 경우도 있다고 합니다.

이래서는 교육이 제대로 안 됩니다. 다 자업자득인지라 얼마 지나지 않아서 자기가 그 꼴을 당한다는 것을 왜 모르는지 모르겠습니다. 부모가 본을 보인 대로 따라 한다는 것을 알 텐데도 그렇듯 한 치

앞을 내다보지 못하는 이들이 많습니다.

요즘처럼 부모에 대한 효심이 퇴색되고, 사치 방종이 난무하는 상황에서 자녀를 제대로 교육시킨다는 것은 참으로 어려운 일입니다. 오죽하면 어떤 산악인이 암벽 타는 것보다 부모 노릇하기가 더 어렵다고 했겠습니까?

부모 노릇을 잘해서 자녀를 잘 키워야 세상이 밝아집니다. 좋은 사람, 좋은 사회를 만들기 위해서는 이기적인 공부꾼이나 마마보이, 마마걸로 자라게 해서는 안 됩니다. 어릴 때부터 사람답게 사는 법, 윤리 도덕, 남을 배려하고 이해하는 법, 스스로 하는 법을 체득할 수 있도록 교육시켜야 합니다. 앞에서 이미 강조하였듯이 NQ(공존 지수)를 높여야 한다는 말입니다. 아니 더 나아가 FPQ(효도 지수)를 높여야 합니다. FPQ는 내가 만든 신조어인 만큼 사람들이 잘 알고 있는 NQ를 기르는 방법에 대해 말씀드리는 것이 더 현실적일 것 같습니다.

먼저 심부름과 봉사활동을 많이 한 아이가 NQ가 높다는 것을 말씀드리고 싶습니다. 요즘엔 심부름도 안 시키고 제 방 청소도 안 시키는 부모들이 많은데 절대로 그래서는 안 됩니다. 대신 심부름을 시킬 때는 명령하기보다는 "00야, 00를 해 주었으면 고맙겠다."라는 식의 '나 전달법'으로 하십시오. 그리고 당연히 해야 할 심부름에 대해서는 보상을 해 주지 않는 게 좋습니다. 다만 심부름을 한 소감을 귀담아 들어주면서 성취감과 자신감을 갖게 해주는 게 좋습니다.

여기서 꼭 짚고 넘어가고 싶은 게 있습니다. 보상을 해 주어야 할 것과 보상해 주지 않아도 되는 것에 대해서는 확실히 해야 합니다. 어느 초등학생이 부모를 조르는 것을 옆에서 지켜본 적이 있는데, "공부를 할 테니 장난감을 사 달라."고 하더군요. 본인 스스로를 위하여 공부하는 것인데 마치 부모를 위해서 공부하는 것처럼 착각하는 것입니다. 그렇게 되면 나중에 정체성에 혼란이 옵니다. 자기의 삶이 아닌 부모의 삶이 되어버립니다. 왜 공부해야 하는지, 왜 살아야 하는지에 대한 가치관 교육은 나이가 어릴수록 좋습니다.

한편 집안에서의 심부름뿐만 아니라 외부적인 봉사활동도 아주 중요합니다. 봉사활동을 통해 다양한 경험을 하게 되고, 많은 사람과 사귈 수 있습니다. 봉사활동을 하면서 상대방의 마음을 헤아리고 도와

나 전달법

어떤 문제가 생겼을 때 자신의 심정을 솔직히 표현, 상대방의 마음을 상하지 않게 전달함으로써 서로 이롭다. 1인칭으로 감정을 표현하면 자신의 의사가 효과적으로 상대에 전달할 수 있다. 상대방의 행동에 대해 비난하지 않고 객관적으로 사실을 알려야 하며 상대방의 행동이 자신에게 미친 영향을 구체적으로 말해야 하며, 그 영향으로 인하여 자신의 느낌이나 감정을 솔직하게 말하므로 상대방의 행동변화를 유도해야 한다. 예) 내가 지금 바쁘니 신문 좀 가져다주면 고맙겠다.

주는 데 익숙해지고 보람을 느끼는 것은 그 어디에서도 체험할 수 없는 크나큰 소득입니다. 아무런 대가없이 심부름과 봉사활동을 기분 좋게 웃으면서 하는 게 몸에 밴 아이들은 누구를 만나든지 언제나 NQ를 가동하여 편안하고 행복한 삶을 꾸려갈 수 있습니다.

부모는 자식의 거울인 만큼 부모가 먼저 봉사활동에 참여해야 합니다. 말로 지시해서는 안 됩니다. 자식은 부모가 보여주는 만큼, 좋은 행동을 하는 만큼 보고 성장하는 것입니다. 부모 스스로 봉사활동의 좋은 본보기를 보인다면 자식 또한 봉사를 하고, NQ가 높아져 행복한 인생을 살아갈 수 있다 해도 과언이 아닙니다.

NQ(공존 지수) 높이기-손님 초대와 심부름

요즘은 집으로 손님을 초대하는 일이 거의 드문 듯합니다. 하지만 자녀의 NQ를 높이려면 자주 손님을 초대하는 게 좋습니다. 단 아이에게 인사나 하고 제 방에 들어가게 해서는 안 됩니다. 그렇게 되면 손님을 백날 초대해도 허사입니다. 온 가족이 정성껏 손님을 대접해야 하는 것입니다. 특히 사람을 차별하지 않고 누구에게나 정성껏 대접하는 부모의 모습을 통해 아이들의 NQ가 저절로 높아집니다. 또한 손님이 오기 전에 그 손님에 대해서 미리 정보를 알려주어 그 사람에 대해서 미리 이해하고 쉽게 친숙해질 수 있게 하고, 다른 사람을 접대하는 기쁨을 아이들이 직접 맛보도록 이끌어줍니다. 극진하게 접대하고 나서 손님이 돌아간 뒤에 이야기하는 시간을 가지면 더욱 좋습니다.

> 1) 손님 접대에 소홀한 점은 무엇이고 잘한 점은 무엇인가?
> 2) 손님을 접대하면서 느낀 점을 각자 이야기합니다.
> 3) 부모는 손님에 대해서 장점을 칭찬하는 시간이 될 수 있도록 이끕니다.
> 4) 사람들의 장점을 발견하는 데 아이들이 어른보다 탁월합니다.

이렇게 했을 때 아이는 어느 날 자신이 기억하고 있는 사람의 이야기를 먼저 꺼내며 다시 초대하자고 할지도 모릅니다. 이것이 아이들의 NQ를 높이는 길입니다.

내가 아는 분 중의 하나는 해외지사에 근무할 때 외국인 손님을 집으로 초대해서 극진히 대접한 인연으로 중요한 거래를 성사시켜 초고속승진을 한 경우가 있습니다. 그 자녀들 또한 아주 반듯하게 성장한 것은 물론입니다.

NQ 18계명

1. 꺼진 불도 다시 보자(지금 없는 사람이라고 우습게 보지 말라.
   나중에 큰 코 다칠 수 있다.

2. 평소에 잘해라(평소에 쌓아둔 공덕은 위기 때 빛을 발한다).

3. 내 밥값은 내가 내고 남의 밥값도 내가 내라(기본적으로 자기 밥값은 자기가 내는 것이다. 남이 내 주는 것을 당연하게 생각하지 말라).

4. 고마우면 고맙다고, 미안하면 미안하다고 큰 소리로 말해라(입은 말하라고 있는 것이다. 마음으로 고맙다고 생각하는 것은 인사가 아니다).

5. 남을 도와줄 때는 화끈하게 도와라(처음에 도와주다가 나중에 흐지부지하거나 조건을 달지 말라. 괜히 품만 팔고 욕만 먹는다).

6. 남의 험담을 하지 말라(그럴 시간 있으면 팔굽혀 펴기나 해라).

7. 회사 바깥사람들도 많이 사귀어라(자기 회사 사람들하고만 놀면 우물 안 개구리가 된다. 그리고 회사가 너를 버리면 고아가 된다).

8. 불필요한 논쟁을 하지 말라(회사는 학교가 아니다).

9. 회사 돈이라고 함부로 쓰지 말라(사실은 모두가 보고 있다. 네가 잘 나갈 때는 그냥 두지만 결정적인 순간에는 그 이유로 잘린다).

10. 남의 기획을 비판하지 말라(네가 쓴 기획서를 떠올려 봐라).

11. 가능한 한 옷을 잘 입어라(외모는 생각보다 훨씬 중요하다. 할인점 가서 열 벌 살 돈으로 좋은 옷 한 벌 사입어라).

12. 조의금을 많이 내라(사람이 슬프면 조그만 일에도 예민해진다. 2~3만원 아끼지 말라. 나중에 다 돌아온다).

13. 수입의 1% 이상은 기부해라. 마음이 넉넉해지고 얼굴이 핀다.

14. 수위 아저씨, 청소부 아줌마에게 잘 해라(정보의 발신지이자 소문의 근원일뿐더러 네 부모의 다른 모습이다).

15. 옛 친구들을 챙겨라(새로운 네트워크를 만드느니 지금 가지고 있는 최고의 재산을 소홀히 하지 말라. 정말 힘들 때 누구에게 가서 울겠느냐?)

16. 너 자신을 발견해라(다른 사람들 생각하느라 너를 잃어버리지 말라. 일주일에 한 시간이라도 좋으니 혼자서 조용히 생각하는 시간을 가져라).

17. 지금 이 순간을 즐겨라(지금 네가 살고 있는 이 순간은 나중에 네 인생의 가장 좋은 추억이다. 나중에 후회하지 않으려면 마음껏 즐겨라).

18. 아내(남편)를 사랑하라(너를 참고 견디니 얼마나 좋은 사람이냐?)

학생법회에서 운명이 바뀌다

현재 우리나라에서 손꼽히는 기업체에 근무하고 있는 30대 초반의 불자 이야기를 해드리고 싶습니다. 이 불자는 초등학교 고학년 때 아버지의 사업실패로 가정환경이 경제적으로 큰 타격을 입었습니다. 그로 인해 부모님이 자주 다투게 되었고, 가정은 늘 태풍 전야의 항구처럼 불안하였다고 합니다. 전업주부였던 어머니가 취업하여 생계를 이어가야 하는 상황에서 당시 초등학생이었던 그 불자는 정신적으로 매우 불안해졌고, 방과 후에도 엄마 없는 집에 들어가기 싫어서 동네를 쏘다녔다고 합니다.

이 불자 외에도 비슷한 상황에서 성장한 사람들이 아주 많을 겁니다. 가정형편이 어려워진 데다 방과 후 귀가를 해도 반겨줄 엄마도 안 계시니 허전했겠지요. 갑작스럽게 가난해진 집안 형편을 받아들이

기도 힘들었을 겁니다. 자연스레 불평불만이 늘었답니다. 학원에도 다니지 못할 형편이니 공부와는 거리가 먼 불량친구들과 어울려 다니 기도 했답니다.

그렇게 싸돌아다니던 중학교 1학년 어느 봄날 옆집 할머니가 "그 렇게 돌아다니지 말고 절에 가서 스님 말씀을 들으면 아주 좋을 것이 다."라고 절에 데려다 주었답니다. 옆집 할머니는 평소 예의 바르고 착했던 아이가 방황하는 모습이 안타까워 인근 사찰의 학생회에 가입 하도록 주선해 주었던 것입니다.

다행히 그 불자는 학생회 지도법사를 잘 만났습니다. 스님이 마 치 큰 형님처럼 친근하게 다가왔고, 전생에 선근 인연이 있었던지 부 처님 말씀이 귀에 쏙쏙 들어왔다고 합니다. 부처님 말씀을 통해 심하 게 흔들리던 마음을 다스릴 수 있었던 것입니다.

"'행위에 의해서 천한 사람도 되고, 행위에 의해서 브라만이 된 다'는 부처님 말씀을 들으면서 많은 것을 깨달았습니다. 제가 어떤 마 음가짐을 가지고 어떤 행동을 하느냐에 따라 제 인생이 결정된다는 부 처님 말씀을 방황하던 사춘기 시절 만나지 않았다면 제 인생이 어떻게 굴러갔을지 지금 생각해도 아찔합니다."
라고 토로하는 그 불자의 말을 들으면서 청소년 포교가 얼마나 중요한 지 알겠지요? 옆집 할머니가 사찰로 이끌어주지 않았다면 어떻게 되 었을까요? 본인이 불교를 만나지 않았다면 생각만으로도 아찔하다고 밝혔듯이 잘못 했으면 문제아, 나아가 불평불만이 가득 찬 이 사회의 골칫거리가 되었을 수도 있습니다. 그런데 다행히도 부처님을 만났고, 본인 스스로의 행위에 의해서 운명이 바뀔 수 있다는 것을 깨달은 이 불자는 학생회도 열심히 다니고, 충실히 공부해서 4년 장학생으로 대학에 입학하였습니다. 대학 다닐 때는 부처님 은혜를 갚기 위해 틈틈이 후배들을 지도하기도 하였습니다. 또한 절에서 착한 여성 불자를 만나 가정도 꾸렸고, 회사에서는 능력을 인정받아 성실하게 일하면서 행복한 나날을 보내고 있습니다.

이처럼 자녀교육에 있어 가장 중요한 것은 삶에 대한 바른 가치관을 갖도록 해주는 것입니다. 내 자녀뿐만 아니라 이웃의 청소년에게 관심을 갖고 바른 길로 이끌어 주어야 합니다. 부처님께서 경전마다 간곡하게 전법이 최상의 공덕이라고 하신 까닭을 가슴 깊이 새겨야 합

우리 인생관

1. 우리는 한의식 생명의 공동체다(本佛).
2. 우리는 우주 진화 지구학교 학생이다(成佛).
3. 우리는 헌신과 봉사의 삶을 산다(菩薩).
4. 우리는 어떠한 것에도 집착하지 않는다(中道).
5. 우리의 본성은 청정 광명 환희다(涅槃).

니다. 부처님 말씀을 배우고 마음공부를 하면 아무리 힘든 일이 있더라도 견뎌낼 수 있는 힘이 길러지고, 원만한 인간관계, 건강한 인성을 기를 수 있습니다.

거듭 말씀드리건대, 자녀교육에 대한 가장 큰 관건은 자기 인생을 자기 스스로 개척해나갈 수 있는 힘, 아무리 큰 고난이 닥치더라도 이겨낼 수 있는 고통에 대한 면역력, 삶에 대한 긍정적인 마인드를 길러주는 것입니다. 그렇게 될 때 불자님들의 자녀뿐만 아니라 주위사람들도 행복해질 것입니다.

경청하는 습관, 행복의 지름길

"스님, 우리 애를 어떻게 해야 할지 모르겠습니다. 제 얘기는 들으려고도 하지 않아요. 무슨 얘기를 해도 딴청만 피웁니다. 두드려 팰 수도 없고, 정말 고민입니다."

얼마 전 신도 한 분이 하소연을 하는데, 요즘 이런 고민을 안고 있는 부모가 많은 것 같습니다. 특히 외동아들 키우기가 힘들다고 하더군요. 외동이들, 게다가 엄마가 직장생활을 하는 아이들은 외로울 수밖에 없습니다. 엄마 아빠가 늘 바쁘니 대화할 시간도 부족하고, 어릴 때부터 학교 갔다 학원 갔다 직장 다니는 부모 스케줄에 맞추어 팽이 돌리듯 돌려댑니다. 아이들이 부모보다 먼저 집에 들어오는 경우도 많습니다. 부모도 없는 빈집에서 아이들이 무엇을 하고 놀겠습니까? 혼자 텔레비전을 보거나 게임하면서 노는 습관이 배어서 게임 중독에 걸린 애들이 많습니다. 문제는 부모에게 있습니다. 혼자 노는 아이에게 경청하는 습관이 부족하다고 탓할 수 있겠습니까?

아이와 대화를 할 때 본인이 어떻게 하고 있는지 먼저 생각해보십시오. 아이가 질문을 해도 본인이 바쁘다고 건성으로 대답한 적은 없는지, 아이의 말이 채 끝나기도 전에 중간에 말을 가로채 마무리 지은 적은 없는지, 아이의 말을 인내심 있게 들어주었는지, 아이의 말을 다 듣기 전에 미리 판단하고 일방적으로 공격하거나 비난한 적은 없는지, 아이의 잘못에 대해서만 이야기하는 습관은 없는지 말입니다.

평소 생활 속에서 아이와 눈높이를 맞추고 대화를 나누며 부모가 먼저 경청해 주어야 합니다. 아이의 말에 귀 기울여 주고 이해해 주고 지지해 주어야 합니다. 경청은 그냥 지나쳐도 될 만한 습관이 아닙니다. 경청을 잘 해야 공부도 잘하고, 인기도 좋고, 사업도 성공할 수 있습니다. 다른 이의 말에 조금만 더 귀를 기울여주면 존경받고 행복해집니다. 젊은 사람들의 말을 잘 들어주니 늙어도 외롭지 않습니다. 늙어서 자식과 이산가족이 되는 것도 미연에 방지할 수 있습니다.

'나는 왜 복이 없는가? 왜 사람들로부터 호감을 사지 못할까?' 걱정하는 분이 있는데, 문제를 해결할 방법이 있습니다. 경청하면 됩니다. 우리가 자기 일에 대단한 관심을 갖고 있듯 다른 사람도 마찬가지입니다. 자기가 하는 말에 경청해 주고 관심을 가져주면 고맙고 좋은 것입니다. 우리의 말 한마디 한마디가 상대방에 대한 관심을 표명하고 이해하고 지지해 주면 상대방의 기분이 좋아지고, 바로 그 자리에서 상대방의 마음을 사로잡을 수 있습니다. 경청을 잘하는 것만으로도 사람들이 좋아하고 도와주려 하니 하는 일마다 잘 되는 것입니다.

과거에는 말 잘하는 사람들이 존경받고 성공하였으나 이제는 남의 말 잘 들어주는 사람들이 존경받고 성공합니다. 요즘 인기직업이라할 수 있는 정신과 의사나 상담치료사가 하는 일의 80%도 경청이라할 수 있습니다.

자녀가 무슨 말을 하든지 잘 들어주십시오. 자녀가 도대체 말도안 되는 소리를 해도 일단 들어주고 자녀의 입장이 되어 이해해 주십

경청법

1. 입을 다물고 귀를 기울여 정성스럽게.
2. 상대방의 표정과 동작을 주시하면서.
3. 이목을 기울이고 모든 감각을 총동원.
4. 상대방이 열중하도록 분위기를 조성.
5. 반응을 보이고 적당히 맞장구를 칠 것.
6. 하나하나에 주의 깊게 열심히 들을 것.
7. 상대방의 말을 도중에 끊지 말 것.
8. 상대방의 말에 흥미를 가질 것.
9. 상대방의 입장에서 역지사지하라.
10. 같이 웃고 울고 상대방의 거울이 될 것.

시오. 그리고 그 느낌을 나 전달법으로 하십시오. "네가 그런 행동, 말을 했구나. 엄마가 혹은 아빠가 이런 생각이 든다. 이런 점 때문에 화가 난다." 하면서 자녀의 행동이 자신에게 미친 느낌이나 감정을 구체적으로 솔직하게 말함으로써 자녀의 행동을 변화시켜야 합니다.

자녀뿐만 아니라 만나는 모든 사람들의 말에 경청하는 모습을 보여야 합니다. "말씀하십시오. 네, 그렇군요. 저런 저런, 그랬어야 하는데 안타깝군요. 참 안 됐네요. 그렇지요? 네. 맞아요."라고 적절하게 맞장구쳐주면서 이해해 주면 그 사람의 깊이 맺힌 한까지 풀어줍니다. 스트레스를 풀고 상대방이 행복해지니 나도 행복해집니다. 경청은 행복해지는 습관 중에서도 으뜸으로 손꼽을 수 있습니다.

우리의 이상형인 부처님, 관세음보살님을 보십시오. 그분들의 귀를 보세요. 귀가 얼마나 큽니까? 중생들의 소리를 다 들어주시기 때문에 귀가 큰 것입니다. 사람도 말 잘 들어주는 사람은 성현과 다를 바 없습니다. 입을 다물고 온 마음을 기울여서 모든 감각을 총동원하여 경청하는 모습처럼 아름다운 게 없습니다. 그 모습 그대로가 맑은 깨달음의 거울입니다. 상대방의 아프고 답답한 마음이 그 모습에 비치어 시원해지고 밝아집니다. 행복해집니다.

경청을 잘하면 자연의 소리, 자기 내면의 소리도 잘 듣게 됩니다. 자신의 소리를 잘 듣는 놈을 듣는 것이 참선입니다. 보통 보는 놈을 보는 것이 참선이라고 하는데, 듣는 놈을 듣는 것이 더 깊은 경지입니다. 자녀교육을 할 때도 경청이 중요합니다. 자녀로 하여금 부모의 경청하는 태도를 익히게 하는 것만큼 효과적인 투자도 없습니다. 왜냐, 경청이야말로 행복해지는 으뜸 습관, 행복의 지름길이기 때문입니다.

좋은 부모는 최상의 수행자다

"스님, 산 넘어 산입니다. 유치원부터 대학 입학할 때까지 하루도 편할 날이 없었습니다. 고생 고생해서 대학 졸업시켰는데, 저렇게 취업도 못하고 하루 종일 방구석에 처박혀 있으니 답답해서 미칠 지경입니다. '저도 속이 타겠지' 하면서도 제 성질에 못 이겨서 큰 소리가 나옵니다."

어느 불자의 하소연을 들으면서 취업 전쟁, 청년 실업의 심각성, 대학생 10명 중 7명이 취업난에 위기의식을 느낀다는 뉴스가 실감이 났습니다. 또한 청년실업자 중에 우울증을 앓는다거나 자살 충동을 느꼈다는 뉴스도 생각나 은근히 걱정이 되었습니다. 그런데 언젠가 중소기업을 운영하는 분의 직원을 구하기 힘들다는 말이 떠올라 그 불자에게 넌지시 권했더니, "저희 애가 그래도 명문대 출신입니다."라며 얼굴을 붉히는 겁니다. 이른바 3D업종에서는 외국인 노동자가 아니면 업체를 운영할 수 없다는 얘기를 피부로 느낄 수 있었습니다.

눈높이를 낮춰라

요즘 우리나라 부모들 대부분 그 불자와 다르지 않습니다. 자신은 비록 육체노동을 하더라도 자식만큼은 많이 배워서 전문직에 종사하기를 원합니다. 그래서 어릴 때부터 공부만 강요합니다. 땅덩어리도 좁고 자원도 부족하고 오직 있는 것이라곤 인력밖에 없는데다 학벌을 중시하는 사회 분위기상 공부를 강조하는 것은 이해합니다. 하지만 우리 사회에서 요구하는 인력은 다양한데 몇몇 입에 맞는 직업만 택하려고 하니, 취업 전쟁의 악순환이 반복되는 것입니다. 제조업체가 해외로 공장을 이전하는 것은 인건비가 싼 것도 이유가 있지만 직원을 구하기 힘들기 때문이라고 합니다.

또한 자녀의 적성과 재능을 고려하지 않는 것도 문제입니다. 적성에 맞는 직업을 택하게끔 해야 하는데 남들에게 내세울 만한 직업을 종용하니 부모의 욕심이 자식 인생을 망치는 것입니다. 얼마 전 신문을 보니 호주에서는 목수가 가장 인기 있는 직업이라고 합니다. 스트레스도 받지 않고 개인 시간도 많아 건강한 생활을 영위할 수 있기 때문이라는데, 무엇보다 남을 의식하지 않는 사회 분위기가 그러한 직업관을 낮게 한 듯합니다.

자녀가 행복하기를 원한다면 어릴 적부터 자녀의 적성을 잘 관찰해서 진로를 제대로 정할 수 있도록 도와주십시오. 또한 직업에 귀천이 없음을 인식시켜 주십시오. 물론 인성을 모질게 한다거나 거칠게 하고 어둡게 하는 직업, 혼을 빠지게 하는 직업이 아닌, 사람을 살리고 이롭게 하는 직업을 갖도록 해야 합니다. 직업에 대한 가치관 교육역시 이를수록 좋습니다.

야생화같이 길러라

요즘 사기업이든 공기업이든 간부급 인사의 얘기를 듣다보면 부하직원들이 못마땅한 점이 많은가 봅니다. 조선시대에도 "요즘 젊은 애들은 문제가 많다."고 했다고 말해주면서 윗사람일수록 늘 역지사지, 젊은이의 입장에서 바라보라고 조언해 주곤 합니다.

어쨌든 다 커서 빈둥대는 것도, 또 몇 백 대 일의 경쟁을 뚫고 입사했다가도 힘들다고 퇴사하는 것도 다 이유가 있습니다. 부모가 자녀를 온실 속의 화초처럼 과잉보호해서 키웠기 때문입니다. 아이가 넘어져 울 때 모른 척하기란 부모로서 쉬운 일은 아닐 겁니다. 하지만 강한아이로 키우기 위해서는 참아야 합니다. 자녀를 사랑한다는 것은 자녀가 제 인생을 책임질 수 있도록 강인한 정신을 길러주는 것입니다.

절대로 과보호를 해서는 안 됩니다. 부모의 맹목적인 사랑은 거름을 너무 많이 퍼붓는 것과 같습니다. 과보호 속에서 하나에서 열까지 잔소리를 들으며 자란 아이는 나중에 어느 것 하나 지시받지 않으면 아무 일도 할 수 없는 '지시 대기족'이 됩니다. 이런 사람은 오늘날과 같은 취업전쟁에서 낙오되기 십상입니다. 자녀가 자기 인생의 주인공이 되어 스스로 느끼고 스스로 자신의 인생을 살아갈 수 있는 힘을 기를 수 있도록 도와주십시오. 부모는 항상 자녀를 객관적으로 바라보면서 분수에 맞게 인생을 설계하도록 조언하고 협조하는 위치를 벗어나지 않아야 하는 것입니다.

그런데도 가만히 보면, 우리 부모들은 자식의 일거수 일투족을 미리 걱정하면서 모든 것을 대신해 주고 대신 생각합니다. 미리 앞서서 따라오라고만 하니 그 자녀가 어떻게 성장하겠습니까? 늘 부모 그늘에서 사는 캥거루족을 만든 것도 부모 책임입니다.

정신을 남겨줄지언정 물질을 남겨주지 말라

"빌딩 하나 물려주면 평생 먹고 살 걱정은 안 하겠지요?" 하는 소리를 듣고 한숨이 절로 나왔습니다. 초등학교에서 근무하는 선생님이 "요즘 애들은 아파트 평수, 자동차 종류, 아버지 직업까지 따져가며 놀아요."라는 말까지 떠올라 오늘날 얼마나 심각한 물질만능의 폐해가 퍼져 있는지 알 수 있었습니다.

'내 자식은 고생시킬 수 없다, 내 자식은 명품으로 특별하게 키워야겠다.'는 생각이 자식농사를 망치는 것입니다. 요즘은 이런 부모의 마음을 간파해서 광고 타깃을 삼고 있는데 참으로 안타까운 일입니다. 자식에게 제일 안 좋은 것이 부모의 유산으로 직업이 없어도 편히 살 수 있다는 생각을 갖게 하는 것입니다. 자녀에게 정신을 남겨줄지언정 물질을 남겨주지 마십시오. 부모 덕분에 재물을 낭비하고 살면 반드시 재앙이 옵니다. 부모 덕분에 직업 없이도 잘 사는 세상은 밝은 세상이 아닙니다. 본인 인생에도 마이너스입니다.

부모의 생각, 말 한마디가 자녀의 인생을 망칠 수도 있고, 꽃피울 수도 있습니다. 말이 씨가 됩니다. 물질 물려주겠다고 돈 버는 데만 열중하지 말고, 자녀와 대화를 나누십시오. 대화를 통해 자녀가 꿈을 가질 수 있게 하고, 어릴 때부터 본인이 얼마나 소중한 존재인지 느끼게 하고, 노력하면 꿈을 이룰 수 있다는 것을 스스로 알게 하십시오.

제가 아는 한 불자는 얼굴이 참 밝습니다. 그분을 보면 다른 사람들도 마음이 밝아진다고 할 정도로 환한 분입니다. 그런데 어느 날 그분이 생각지도 않게 그동안 마음 고생한 것을 풀어놓았습니다.

외아들이 학교 다닐 때 말썽을 많이 피웠답니다. 그 때 속상한 것은 이루 말할 수 없었지만, 자식이 건강한 것만으로도 감사해 하면서 "네가 가장 하고 싶은 것을 한번 생각해 봐. 너를 사랑한다."며 독려했다고 합니다. 자녀를 기를 때 무한정으로, 무조건으로 사랑을 줄 필요가 있습니다. 엄마 아빠는 네가 세상에 살아 있다는, 존재 자체만으로도 행복하고 고맙다는 것을 느낄 수 있도록 흠뻑 사랑을 주어야 합니다. 부모의 사랑과 지지 앞에는 아무리 못된 자식이라도, 질풍노도의 시기라는 사춘기 시절 방황하다가도 봄볕에 얼음장이 녹듯 마음이 풀어지는 것입니다.

어쨌든 망나니였던 자식이 기술을 배워 취업해서 성실하게 잘 살아가고 있다는 그 불자의 이야기를 들으면서 부모야말로 최고의 수행자라는 것을 또 한 번 절감했습니다.

취업 얘기를 하다 보니 또 자녀교육에 대한 이야기를 늘어놓게 되었는데, 주춧돌을 잘 놓아야 하기 때문입니다. 무엇보다 강조하고 싶은 것은 자녀로 하여금 자신에 대한 자존감과 긍정적인 인생관을 갖게 해야 합니다. 또 자신의 꿈을 실현할 수 있도록 끊임없이 노력하는 힘을 길러주어야 합니다. 인생은 마라톤이요, 거대한 연극무대입니다. 모쪼록 자녀가 마라톤을 완주할 수 있도록, 연극무대에서 삶의 주인공으로 살아갈 수 있도록 도와주시기 바랍니다.

5장

꽃보다 아름다운 인연

결혼 전에 300번 생각하라

장마철에는 날씨가 오락가락합니다. 며칠 전 비가 주룩주룩 내리는가 싶더니 햇볕이 쨍하고 뜹니다. 그리곤 금세 한쪽에서는 소나기가 후두둑 비껴갑니다. 예전에 어르신들의 "워메, 호랑이 장가 가는 날이네." 하시던 말씀이 생각나 미소 짓고 있는데, 아는 얼굴이 나타납니다. 왠지 수심이 가득합니다. 이젠 반 점쟁이가 다 됐습니다. 표정만 봐도 무슨 고민이 있는지 다 보입니다. 아니 사실 나이 가늠만 하면 대충 알 수 있는 문제이기도 합니다. 우리 나라 부모들은 40대는 자녀 교육 문제, 50대는 자녀 취업 문제, 결혼 문제, 6,70대는 노후 문제 등등 연배에 따라 비슷비슷한 고민을 하면서 삽니다. 50대 불자의 얼굴을 보고, '호랑이 장가 가는 날 결혼 문제로 왔구나.' 했는데, 역시 그랬습니다.

좋은 인연 만나는 법

"스님, 결혼을 시키기는 해야겠는데 아무리 뜯어봐도 마음에 드는 데가 하나도 없어요. 도대체 왜 그리 여자 보는 눈이 없는지 모르겠어요."라고 하소연을 합니다.

다른 부모들 중에는 자식이 연애를 못해서 걱정이라며 베트남에서 데려와야 하나, 필리핀에서 데려와야 하나 국제결혼까지 고려하고 있다며 고민하는데, 그래도 제 짝을 찾아 선보였으니 그분은 그나마 나아보였습니다.

하지만 자식이 결혼하겠다는 사람이 마음에 들지 않는다니 그 또한 괴로운 일일 것입니다. 자식에 대한 집착 때문에 며느리 감이 마음에 안 드는지, 아니면 정말로 문제가 있는 규수인지는 따져보아야 하겠지요. 사실 팔은 안으로 굽는다고 내 자식만 잘난 줄 알고 며느리 감, 사위 감을 마뜩찮아 하는 경우도 많이 보았기 때문입니다. 그래, 그 불자에게 어떤 점이 마음에 들지 않는지 물어보았습니다.

"처음부터 끝까지 마음에 드는 구석이 하나도 없어요. 고집도 세고 성격도 날카로워 보이고 우리 아들이 꽉 잡혀 살 것 같아요."라는 말을 듣고 있자니 웃음이 절로 나왔습니다.

"보살님, 아가씨가 야무진 것 같은데요. 살림도 잘 할 것 같고…."라고 하자, "예, 회사에서 능력도 인정받고 있고 생활력도 강하다고 합니다. 그런데 스님, 종교가 달라서 걱정이에요. 주위 사람들 애기를 들어보니 종교 때문에 고부간의 갈등이 더 심해져서 아예 자식 들하고 남남처럼 사는 경우도 많답니다."라고 하더군요.

그렇습니다. 이분 저분 애기를 들어보면, 종교와 상관없이 결혼 시켰다가 며느리, 혹은 사위한테 휘둘러서 개종하는 사람들도 있다고 합니다. 어수룩한 불자들은 정신 무장을 단단히 한 이웃종교인들에게 개종 당하기 쉬운 게 사실입니다. 하지만 그 또한 본인 탓입니다. 본 인의 종교관이 확실하다면, 또 자식을 제대로 키웠다면 개종당하지 않 고, 개종시킬 수 있을 겁니다.

어쨌든 종교가 같으면 결혼 생활이 훨씬 더 순조롭긴 할 것입니 다. 하지만 무엇보다 우선해야 할 것은 사람 됨됨이, 그 사람의 품성입 니다. 어쩌면 아예 무신론자보다는 종교적 소양을 가지고 있는 게 더 나을 수도 있습니다. 이웃종교에서 열심히 활동하던 사람이 개종하였 을 때 훨씬 더 적극적으로 수행하고 전법하는 경우를 자주 보았습니다.

그렇지만 처음부터 종교적 신념이 다른 며느리에게 불교를 믿으 라고 강요할 수도 없고 강요해서도 안 됩니다. 시부모의 불교적인 삶 에 자연스럽게 동화될 수 있도록 이끌 만한 수행력을 길러야 합니다. 그리고 평소에 기도하고 수행하면 좋은 인연을 만날 수 있습니다.

의존증 없이 현재에
충실한 사람을 선택하라

"자식 이기는 부모 없다더니 결국은 지들 뜻대로 결혼하더군요. 며느리 볼 때마다 미안스럽기도 하고, 저것이 속으로 나를 미워할지도 모른다는 생각에 자격지심도 듭니다. 이제 와서 생각하니 기를 쓰고 반대한 것이 후회스러워요."라는 이야기를 자주 듣습니다.

주위 어른들이 반대해도 콩깍지가 씌워진 상태, 그야말로 젊은 사람들 표현대로 필(Feel)이 받았을 때는 그런 소리 저런 소리가 들리지 않는다고 합니다. 좋은 인연을 만나 필이 통했을 경우에는 그나마 다행인데, 그렇지 않을 경우에는 심한 낭패를 보기도 합니다. 결혼은 인륜지대사이기 때문에 신중에 신중을 기해야 합니다. 잘못했다고 금세 무를 수도 없는 것 아닙니까? 하기야 요즘 사람들은 자식들 낳고 살다가도 이런저런 이유로 이혼도 잘 합니다만…그 상처가 피차간에 얼마나 크겠습니까?

　　그렇기 때문에 한눈에 반했다고, 사랑한다고 덥석 결혼해서는 안 됩니다. 우리 속담에 "어른 말을 들으면 자다가도 떡이 생긴다."는 말이 있습니다. 어른들은 세상을 살아오는 동안 숱한 경험을 통해 삶의 지혜가 열려 사람을 보는 눈도 젊은 사람들보다는 정확합니다. 제 자식에 대한 욕심, 집착 때문에 상대방을 있는 그대로 보지 못하는 경우도 간혹 있으나 대체로 그 사람의 됨됨이가 성숙하지 않다는 것을 느낌으로 아는 것입니다. 어른들이 반대하는 결혼을 한 사람치고 잘 사는 경우가 드뭅니다. 어른들이 극구 반대한다면 왜 그런지 잘 살펴보아야 합니다. 콩깍지를 떼어놓고 볼 수 있어야 한다는 겁니다.

　　요즘 부모들의 말이 자식에게 잘 먹혀들지 않습니다만, 정말 중요한 대목에서는 발언권을 높여야 합니다. 부처님께서 말씀하신 부모 노릇 5가지 중 자식이 결혼할 때가 되면 결혼을 잘할 수 있도록 도우라는 항목이 있습니다. 부모는 자식이 데려온 배우자감을 제대로 볼 수 있는 안목이 있어야 합니다.

　　먼저 5가지 지나친 의존증이 없는지 살펴보십시오. 과식, 과음, 과색, 과로, 과태 이 중 한 가지만 있어도 합격점을 주기 힘든데 몇 가지가 겹친다면 뜯어말려야 합니다. 생활습관은 좀처럼 고치기 힘들기 때문입니다. 5가지 의존증 가운데 두 가지만 겹쳐도 삶이 괴롭습니다. 그런 사람은 건강을 잃기 쉽고, 평생 배우자가 마음고생을 할 수 있습

니다. 평생 괴롭게 살아갈 자신이 있으면 그런 사람과 결혼을 해도 됩
니다. 『비바사론』에 술 한 번 잘못 마신 것 때문에 5계를 다 범한 남자
이야기가 나옵니다. 그 남자처럼 사실 한 가지라도 의존증이 있는 사
람은 5가지를 다 범하기 쉽습니다. 참고로 그 남자의 이야기를 들려드
리면 다음과 같습니다.

어느 남자가 있었습니다. 그날따라 갈증이 심해서 물을 찾다가 그
릇에 담긴 술을 벌컥벌컥 마셨습니다. 술을 잔뜩 마시니 정신이 혼
미해졌습니다. 때마침 옆집 닭이 그 남자의 집 마당으로 들어왔습
니다. 취기가 동한 그 남자는 안주감으로 삼으면 좋겠다는 생각이
들어 닭을 훔쳐 잡아먹었지요. 옆집 아줌마가 닭을 찾으러 왔는데,
못 봤다고 시치미를 떼며 거짓말을 했습니다. 정신이 오락가락한
상태에서 옆집 아줌마를 보니 순간 음욕이 동하여 강제로 정을 통
하였습니다. 처음 마신 술 때문에 다섯 가지 계율을 차례차례 범하
게 되었으니, 부처님께서 비구들에게 "그대들이 만약 부처님을 스
승으로 부른다면 지금부터 띠풀 끝에 적셔진 술 한 방울이라도 마
셔서는 안 된다."고 하셨습니다.
- 『비바사론』

술을 마시지 말라는 계율을 어긴 것이 단초가 되어 5계를 모두
범한 이 남자의 이야기는 많은 것을 시사해 줍니다. "첫 단추를 잘 끼
워야 한다", "순간의 선택이 평생을 좌우한다."는 말은 배우자를 고를

때 가장 유효한 말일지도 모릅니다.

또, 여자들한테서 주로 나타나는 화장 의존증, 명품 의존증도 문제입니다. 요즘에는 남자들도 화장하는 이들이 있다는데, 여자든 남자든 화장을 하지 마세요. 화장을 짙게 하면 세 가지 독이 나옵니다. 피부라는 것은 흡수 작용, 배설 작용, 호흡작용, 감각작용, 보호작용을 합니다. 그냥 껍데기가 아니에요. 20초가 넘으면 피부가 독을 흡수해 버립니다. 화장독, 비누독도 마찬가지입니다. 요즘 홀딱 벗고 금가루를 칠해 가지고 쇼에 나오는 것이 있던데 몸에 굉장히 안 좋습니다. 얼른 씻어야 해요. 피부를 막아 버리거든요.

화장의 세 가지 독은 첫째 화장독, 둘째는 화장을 하면 피부를 막아 버려서 체독이 못 나오게 합니다. 셋째는 교만독으로, 화장을 자꾸 하면 자기를 높이게 됩니다. 화장, 치장, 변장, 환장이라는 말이 있는데, 밖으로 수술하는 것을 환장이라고 하는 겁니다. 자꾸 이렇게 발라대며 예쁘다는 교만이 높아지면 어리석어지는 겁니다. 어리석어지면 재앙이 따라다닙니다. 특히 젊어서는 생기가 발랄하기 때문에 화장을 하지 않아도 됩니다. 그런데 요새는 초등학생들도 화장품을 바른다니 큰일입니다.

우리는 자연 건강 정보도 잘 알아서 장사하는 사람들의 공격에 무방비 상태여서는 안 됩니다. 장사하는 사람들은 마치 무엇과 같으냐? "닭싸움하는 것 봤지요?" 닭싸움이 붙으면 주인은 없어져 버리고 저희

들끼리 피가 나게 싸우다가 죽는 겁니다. 상품 구매도 마찬가지예요. 명품 의존증 때문에 신용불량자가 되고 우울증에 걸렸다는 얘기도 자주 들리더군요. 어떤 여자는 명품을 걸치고 다니면서 사기행각까지 벌여 사회적으로 물의를 일으킨 적도 있지 않습니까? 명품 의존증에 빠진 사람과 결혼하면 얼마 지나지 않아 재산 말아먹고 패가망신합니다.

또 어떤 사람은 잠자는 것을 뿌리 뽑는답시고 7일 동안 먹고 자고 먹고 자고 했는데, 그 뒤로는 밥도 안 먹고 자더랍니다. 하면 할수록 느는 것이 오욕락이요, 의존증입니다. 평생 고생하다가 결국은 그것 때문에 갑니다. 술 의존증에 빠진 사람은 술병으로 가고, 도박에 빠진 사람은 도박하다가 저 세상에 갑니다. 의존증이 없는 사람, 현재에 충실해서 사는 사람을 배우자로 고르면 틀림없습니다.

전쟁터에 갈 때에는 3번 생각하라는 말이 있는데 결혼할 때는 300번 생각해야 합니다. 그만큼 판단을 잘해야 하기 때문입니다. 결혼생활은 천당 아니면 지옥입니다. 오늘날 이혼하는 사람들이 상당히 많다는데, 당사자는 말할 것도 없고 그 가정, 부모 자녀에 미치는 악영향을 생각해 보십시오. 게다가 요즘에는 몸은 성인인데도 정신적으로는 부모를 의존하면서 사는 미성숙한 어른도 많습니다. 그 사람의 성격도 중요하고, 집안 환경도 중요하지만 무엇보다 삶의 주인공으로 살아가고 있는지, 자신의 삶에 대한 책임감이 강한 사람인지 잘 살펴야 하는 것입니다.

주인공으로 살고 있는가

자식을 스스로 자기 삶의 주인공으로 살 수 있도록 키웠다면 자식이 선택한 배우자도 긍정적으로 바라보십시오. 자기 자식을 제대로 못 키웠기 때문에 며느리 감에 대해 그렇듯 못마땅해 하는 것인지도 모릅니다. 그리고 며느리든 사위든 남의 자식 눈에 눈물 흘리게 해서는 안 됩니다. 악담이나 싫은 소리를 해서 좋은 꼴 못 봅니다.

결혼할 때 진정으로 생각해야 할 점은 자주적이고 주체적인 자세로 결합하려고 노력해야 한다는 점입니다. 이런 자세일 때 비로소 결혼이라는 것도 상호 구속이 아니라 진정 상대방을 더욱 자유롭게 해 주는 결합이 되는 것입니다. 우리가 주체적인 삶을 산다는 것은 먼저 우리 자신이 세상의 주인이 되는 것을 의미합니다. 우리가 친구를 만나고, 결혼을 하고, 취업을 하고, 취미생활을 하는 등 모든 행위는 더 행복한 삶을 위한 것이며, 우리 모두가 주인 되는 길로 가기 위한 것입니다.

결혼을 잘 하기 위해서도 마음공부를 해야 합니다. 마음공부를 통해 최고 최선으로 마음 관리를 잘 할 때 좋은 배우자와 인연이 맺어집니다. 자석이 철을 끌어당기듯 자신의 마음이 밝고 건강하면 상대방도 밝고 건강한 사람에게 끌리게 되어 있고, 또 그 사람과의 관계가 호전되어 결혼까지 골인하게 되는 것입니다. 마음공부를 하지 않으면 전생 업에 질질 끌려서 사는 경우가 많습니다. 부부지간도 좋은 인연이 만났을 때는 행복하겠지만 나쁜 인연이 만났을 때는 불행한 삶을 살겠지요.

그런데 기도를 하고 수행을 하면 전생 업을 녹일 수 있습니다. 이생에 환골탈태가 가능합니다. 수행을 통해 주인공을 바로 보고, 주인공이 확실하면 귀신도, 전생 업도 그 사람을 흔들 수 없습니다. 모든 상황이 좋아진다는 것입니다. 어린이는 10kg짜리 쌀도 힘들어서 못 들지만 어른은 거뜬히 들듯이 수행을 하면 아무리 힘든 상황이 벌어진다 해도 이겨낼 수 있는 힘이 생깁니다. 설령 결혼을 잘못했다 하더라도 성질이 고약한 남편, 혹은 아내를 변화시켜 행복하게 살아갈 수 있다는 것입니다.

부처님 말씀을 그저 믿는 것이 아닌, 수행을 통해 부처님 말씀을 체득해야 합니다. 궁극적으로 자기 마음을 변화시켜야 합니다. 일체 중생 실유불성을 말로만 외는 게 아니라 이 세상 모든 사람이 존귀하다는 것을 체득하고, 아내를 존경하고 남편을 존경하면서 살아가면 행복한 결혼생활을 할 수 있습니다. 결혼해서 평생 도반으로 살아갈 때 행복한 가정은 저절로 되는 것입니다.

수계를 받게 하여 법의 상속자로 만들어라

자식들에게 무엇을 주시겠습니까? 기도, 수행생활을 보여줌으로써 삶의 주인공으로 살아갈 수 있는 힘을 어릴 때부터 길러주어야 합니다. '종교는 제가 정하는 것이지' 하고 방관하다가는 늙어서 외로워집니다. 죽을 고생을 해서 자식 길러놓고 나중에 자식과 함께 절에도 한 번 못 오는 신세가 됩니다. 반드시 자식에게 어릴 때부터 불교 인연을 심어주어야 합니다. 절에서 수계법회가 있으면 자식이 알든지 모르든지 데리고 와서 수계를 받게 하십시오. 법의 상속자를 만들어 주십시오. 말이 나온 김에 수계공덕에 대해 말씀드리겠습니다.

첫째, 불보살님이 옹호해 주십니다. 이 몸뚱이는 비록 부모에게 받았으나 법으로 다시 태어났으니 불보살이 칭찬하고 보호해 주시는 것입니다.

둘째, 가는 곳마다 좋은 선지식을 만납니다. 부처님께서 늘 "선재 선재라", "선남자 선여인이여"라고 하시는 것을 경전에서 자주 보셨지요? 수계를 받으면 바로 그 자리에서 선남자 선여인을 만납니다.

수계를 받는 것만으로도 일단 50점은 받고 들어가는 겁니다. 본인이 수계를 받고 밝아지니 어느 곳에 가든지 주위 사람들이 도와주고 밀어줍니다.

셋째, 항상 마음이 편합니다. 이게 중요한 대목입니다. 든든한 부처님 빽이 생겼으니 얼마나 편하겠습니까. 죽을 때도 편안하게 죽을 수 있습니다. 수계 받을 인연이 있으면 자꾸 자꾸 받으십시오.

넷째, 자원이 모자라지 않고 늘 충분합니다. 재물이 풍족합니다. 수계를 받고 나서 마음이 안정되고, 절약하는 생활이 몸에 배고, 헛된 곳, 옳지 않은 곳에 돈을 쓰지 않으니 늘 풍족한 것입니다.

다섯째, 선도(善道)에 납니다. 최소한 삼악도에는 떨어지지 않고, 선도에 태어나는 것입니다.

사람들 중에는 "나는 아무 것도 모르는데 무슨 계를 받나?" "나는 지킬 자신이 없어서 계를 못 받겠어." "지난 번에 받았는데, 한번 받았으면 됐지, 또 받을 필요가 있나?" 하면서 계 받기를 주저하는데 수계는 선택사항이 아니라 필수사항입니다. 생활 속에서 갖가지 좋지 않은 습관 때문에 업장이 더 짙어지기 전에 얼른 계를 받아야 합니다.

또한 자식을 구슬려서라도 데리고 와서 수계를 받게 해야 합니다. 법명을 지어주고 법명을 늘 불러주면서 법명처럼 되라고 기원해 주면 더욱 좋습니다. 법명이 얼마나 좋습니까?

비로, 호광, 심경, 문수, 진도, 도자, 용상, 각진, 보광, 보문, 무문, 세영, 홍원, 세웅, 세안, 양일, 도열, 지행, 실상, 대원, 만도, 본원, 도성, 성원, 성일, 중보, 석교, 수중, 홍법, 법수, 석전, 행지, 현도, 금강, 오공, 보리, 성도, 광화, 도용, 보광….

위와 같이 내 상좌들 법명도 부르다 보면 행복해집니다. 그들의 이름을 불러주면서 우리 상좌들이 비로자나 부처님의 화신이 되고 문수 보현의 화신이 되어 중생들의 이익과 행복과 안락을 위해 수행하기를 빕니다.

부모가 먼저 철저히 불교를 믿고 수행을 통해 부처님의 말씀을 체득하고, 자식에게도 법명을 지어주고 수계를 받게 하는 등 법을 전하십시오. 그렇게만 하면 자식의 결혼문제는 자식에게 미뤄도 되고, 노후에 외롭지도 않을 것입니다. 갖은 고생을 해서 자식 유학까지 보냈는데, 귀국해서 종교가 다른 배우자를 만나 부모를 찾아보지도 않는다는 얘기를 자주 듣습니다. 나중에 땅을 치면서 후회하지 말고 반드시 자식에게 불법의 전하여 법의 상속자를 만들어야 합니다.

사람 됨됨이가 중요하다

세상 모든 일이 인연에 따라 이루어지는 것입니다. 결혼 역시 마찬가지입니다. 세상에 반은 여자요, 반은 남자인데 그 수많은 사람들 가운데 둘이 만나 한 가정을 이루게 되니 그 인연이 얼마나 지중하겠습니까? 세상 사람들은 결혼을 연분이라고 합니다. 연분이 있으면 선 한 번 보고 일주일 만에 결혼할 수도 있고, 연분이 없으면 몇 년을 사귀고도 결혼이 성사되지 않을 수도 있습니다. 그렇지만 이 말을 숙명론적으로 이해해서는 안 됩니다. 인연에 따라 이루어지되 머나먼 과거생의 인연만 작용하는 게 아니라, 이생에 어떤 마음가짐으로 어떻게 살아가느냐가 더 많은 작용을 합니다. 삶은 마음을 빌어 살아가는 것입니다.

『화엄경』에 "선용기심(善用其心), 그 마음을 잘 쓰라."는 부처님 말씀이 나옵니다. 평소 좋은 마음을 잘 쓰면서 살아가다보면 좋은 인연이 오기 마련입니다. 만일 전생에 어떤 피치 못한 악연이 있어 잘못된 결혼을 하게 될 인연이 있었다면 슬쩍 피해갈 수도 있습니다. 그럼 어떤 게 좋은 마음이고, 마음을 잘 쓰는 것이냐?

'기분이야 좋든 말든 기분 좋게 활동하고, 건강이야 어떻든지 건강하다 생각하고, 건강하게 생활하자. 행복이야 하든 말든 행복하다 생각하고 행복하게 봉사하자'는 마음가짐으로 살아가면 좋은 인연이 찾아오게 되어 있습니다. 산에 가서 '아' 하고 소리를 지르면 메아리가 되어 돌아오듯이 내가 좋은 마음, 행복한 생각을 가지고 있으면 상대방도 좋은 마음, 행복한 생각을 갖기 마련입니다. 절대 남 탓 하지 마십시오. 모든 것은 내 탓입니다.

지금 경찰공무원으로 근무하고 있는 내 유발상좌의 결혼 이야기가 도움이 될 것 같아 잠시 들려드리겠습니다.

　유발상좌는 열두 살 어린 나이에 부친을 잃고, 가세가 급격히 기울었습니다. 옛말에 "부자 삼대를 가지 못하고, 가난은 삼대를 가도 면하기 힘들다."는 말이 있듯이 시골에서 홀어머니가 사형제를 키웠으니 그 고생이 불을 보듯 훤합니다. 사형제 중 장남으로 동생들 학비까지 책임져야 하는 형편인데다 경찰공무원이었던 유발상좌는 신랑감으로 조건이 좋다고 할 수 없었습니다. 아니 주변 조건이 그만하면 악조건이라 할 수 있지요.

　본인 자체는 인물도 좋고 성실하고 신심이 깊은 사람이었으나 조건이 그렇다보니 처음에는 결혼할 엄두도 내지 못했답니다. 그런데 고교 동창생 중에 딱 마음에 드는 아가씨를 만나면서 결혼작전에 돌입했습니다. 아가씨는 똑똑하고 인물도 좋아 인기가 많았습니다. 조건이 좋지 않은 유발상좌가 주변의 라이벌들을 제치고 아가씨를 차지하기 위해서 어떻게 했겠습니까?

　어느 겨울날 부대에서 김장을 하는데 어머니도 부르고 아가씨도 함께 불렀답니다. 아무 것도 모르는 어머니와 아가씨는 김장을 하면서 마주치게 되었고, 그 순간을 놓칠세라 "어머니, 큰 며느리 감입니다."라며 소개를 시켰지요. 황당해서 어쩔 줄 모르는 그 아가씨에게 그날 저녁, "내게 시집 와라. 너는 나와 결혼하게 되어 있어."라고 하여 더욱 정신을 못 차리게 하였답니다.

　유발상좌가 결혼에 성공할 수 있었던 것은 여러 가지 요인이 있습니다. 간절히 마음을 먹으면 이루어지는 게 마음의 법칙이기도 하지만, 자존심이 강하고 평소 뛰어나다는 평을 받으며, 대부분의 남자들이 쩔쩔매던 아가씨들일수록 강한 남자에게 매력을 느낄 수도 있습니다. "여자는 정복하기보다는 정복당하는 것을 좋아하는 속성이 있다."는 아돌프 히틀러의 말이 유효한 스타일이었던 것입니다. 유발상좌는 교제를 할 때도 아가씨의 기를 꺾는 식으로 괴팍한 구애작전을 통해 일단 아가씨에게서 결혼하겠다는 약속을 받았답니다. 그런데 문제는 계속 남아 있었습니다.

만일 장인 장모가 물질만능주의에 사로잡힌 사람들이었다면 아마도 결혼 승낙을 받지 못했을 것입니다. 그런데 다행히도 장인어른이 인품 있는 교장선생님이셨습니다. 그분은 인생에 중요한 것이 물질이 아니라 사람 됨됨이에 있다는 것을 아셨던 것입니다. 첫 만남이 재미있습니다. 장인어른이 이렇게 질문했답니다.

첫째, 종교와 철학의 차이가 무엇인가?

둘째, 불교의 십선(十善)이 무엇인가?

셋째, 후일 부부간에 불화가 생길 때 어떻게 하겠는가?

넷째, '일입언 월출고(日入彦 月出高)'라는 이두 문자를 해석하여
　　　대답하라.

여러분은 어떻게 대답하겠습니까? 유발상좌는 "첫째, 종교는 철학을 포함하나 철학은 종교를 포함하지 못합니다. 둘째 불교의 십선은

공부하지 않아 모릅니다. 셋째 부부간에 불화가 생기면 산에 올라가서 마음을 비우겠습니다. 넷째 이두는 배우지 못하였으므로 모릅니다." 라고 자신 있게 대답하였다고 합니다. 모르는 것은 모른다고 대답하는 것도 용기입니다. 재미있는 것은 이두의 뜻인데, 날(日) 들어(入) 달 (月)라고(出高), 즉 '네가 나에게 딸을 달라고 하느냐'라는 것입니다.

그렇듯 우여곡절 끝에 유발상좌는 결혼 허락을 받고 드디어 결혼식을 하게 되었습니다. 그런데 처가집이 카톨릭 집안이었는데, 주례를 출가 승려인 내가 서게 되었으니, 그 또한 쉬운 일은 아니었을 것입니다. 나중에 듣고 보니 "사주팔자를 보니 올해 결혼하면 좋지 않은데, 스님이 주례를 서야 액난이 소멸된다더라."고 방편 지혜를 썼나 봅니다.

내 유발상좌는 결혼해서 행복하게 잘 살고 있습니다. 아가씨는 카톨릭에서 불교로 개종하였고, 요새는 남편보다 더 열심히 불교 공부를 하고 있답니다. 지금까지도 "백천만겁에도 만나기 어려운 부처님 법을 내 덕분에 만났으니 일생의 은인인 줄 알라."고 하며 아내에게 큰 소리를 친답니다. 아내 입장에서도 남편이 사랑스러우니 그저 너그럽게 받아들이며 남편의 기를 꺾지 않는 것이겠지요. 그렇게 서로 서로 조금씩 져주면서 배려하며 살면 순조롭게 살아갈 수 있습니다.

집안 좋고 학벌 좋아서 남들이 보기에 최상의 조건을 가진 사람을 골라서 결혼했다고 해서 행복한 것은 아닙니다. 자기 자신의 마음

관리를 잘 해서 좋은 마음으로 잘 살아야 행복한 것입니다. 더욱 중요한 것은 부부가 세속적으로 말하는 성(性), 경제, 자식을 함께하는 짝이 아니라 깨달음을 향해 함께 걸어가는 도반이 되어야 한다는 것입니다. 부부간의 열정적인 사랑이 얼마나 오래 가겠습니까? 둘 사이에서 나은 자식 사랑 또한 영원하지 않습니다.

힘써 평생을 모은 재산도 죽을 때는 한 푼도 가져갈 수 없습니다. 백년탐물일조진(百年貪物一朝塵)이요, 삼일수심천재보(三日修心千載寶)라, 백년 탐한 재물은 하루아침의 티끌이요, 삼일 닦은 마음은 영원한 보배입니다.

부부자격

1. 연애할 때 지성적 의존증 없나?
2. 신체 검사 임신 가부 판정.
3. 약혼은 의지적 판단. 잘 잘.
4. 결혼하면 우정, 동지, 도반.
5. 태교 공부로 3자녀 이상.
6. 화목한 가정을 위해 봉사.
7. 교대해서 순종. 나 전달법.
8. 삶의 가치, 기준, 건강, 경제.
9. 자연공부법 공부 실천함.
10. 자녀교육이 부모 성숙.
11. 3대 가족 한 차 타고 관광.

아름다운 화혼식

불자들은 석가모니 부처님의 전생인 선혜 선인과 구리 선녀의 인연에서 기원한 화혼식을 올리는 게 좋습니다. 먼저 선혜 선인에 대해 알아보고, 화혼식의 유래를 살펴보겠습니다.

선혜 행자의 서원과 연등불의 수기

과거세 연등불(燃燈佛)이 세상에 출현하실 무렵이었습니다. 이때 선혜라는 바라문이 살고 있었습니다. 그는 매우 청정하고 존귀한 집안에서 태어났습니다. 또한 아주 아름답고 뛰어난 용모를 지녔으며, 재능과 품성이 좋아 사람들의 존경을 받았습니다. 그의 부모는 그를 훌륭한 바라문으로 키우기 위해 온 힘을 기울여 뒷바라지하였습니다. 그런데 안타깝게도 선혜가 어릴 때 그의 부모는 돌아가셨습니다.

부모님의 장례식을 치르고 난 뒤, 집사가 조상 대대로 물려받은 수많은 재산 목록에 대하여 자세하게 설명해 주었지요. 그렇지만 선혜의 귀에 집사의 말은 들리지 않았습니다.

'나의 아버지, 할아버지, 조상들께서도 돌아가실 때 이 많은 재산을 한 푼도 가져가지 못하셨다.'

선혜 행자는 모든 재산을 가난한 이들에게 나눠주고 고행의 길을 떠났습니다. 고행을 하면서도 부모님의 죽음에 대한 생각이 떠나지 않았습니다. 죽음이 얼마나 괴로운 일인지를 자각하고 영원히 죽지 않는 길을 구하기 위하여 용맹정진을 하였습니다. 오래지 않아 선정(禪定)에 들었으며 신통력을 얻게 되었지요.

그런데 선혜 행자가 선정의 즐거움을 누리면서 정진하는 동안 연등불께서 출현하셨습니다. 그 때 선혜 행자는 선정에 들어 있었기 때문에 부처님께서 출현하셨다는 것을 몰랐습니다.

나라의 국왕과 백성들이 환희심으로 연등불과 제자들을 초청하였습니다. 부처님께서 오시는 길은 물론이고 전 도시를 아름답게 꾸미기 위해 갖은 장식을 하였습니다. 기쁨에 겨워 흥얼거리며 도시를 꾸미는 사람들을 보고 선혜 행자가 왜 길을 닦고 장식하는지 물었습니다. 그제서야 사람들로부터 연등불께서 출현하셨고, 연등불이 제자들과 함께 이곳에 오신다는 소식을 들었습니다. 선혜 행자가 그 말을 듣고 사람들과 함께 흙과 모래를 가져다가 진흙길을 메우는데, 일을 다 마치기도 전에 연등불이 오셨습니다.

부처님을 뵙고 감동한 선혜 행자는 "부처님, 부디 진흙길을 밟지 마시고 제 머리카락과 몸을 밟고 지나십시오. 저에게 영원한 이익이 되고 큰 기쁨이 될 것입니다."라고 말하면서 엎드렸습니다. 그리고 '부처님, 온갖 번뇌를 다 불사르고 깨달은 부처가 되어 많은 사람들을 법의 배에 실어 윤회의 바다를 건너게 한 뒤에 열반에 들고 싶습니다.'라고 서원하였습니다.

연등불께서는 선혜 행자의 서원을 알고, 사람들을 향하여 말씀하셨습니다.

"부처가 될 결심을 하고 엎드려 있는 이 사람의 소원은 반드시 이루어질 것이다. 이 사람은 지금부터 4아승지 10만겁을 지난 뒤에 카필라 성의 정반왕과 마야 부인을 부모로 해서 태어나 출가 수행하여 진리를 깨달아 부처가 될 것이다. 선혜 행자는 부처의 씨앗이요, 부처의 싹이니라."

세세생생 부부가 되어 도를 구하겠나이다

일곱 송이의 꽃을 부처님께 공양 올리고 한 몸 한뜻이 되어 함께 깨달음의 도를 구하는 부부가 될 것을 약속하는 화혼식의 유래에 대해서는

『과현인과경』에 자세한 내용이 나와 있습니다. 경전의 내용을 대략 살펴보면 다음과 같습니다.

연등불이 세상에 출현하였을 때의 일입니다. 선혜 선인이 연등불에게 연꽃을 공양 올리려고 하였는데, 당시 그 나라의 왕이었던 등조왕(燈照王)이 온 나라에 명을 내렸습니다. "부처님께서 출현하셨다. 내가 부처님께 꽃 공양을 올리고자 한다. 나라 안의 꽃이란 꽃은 다 거둬들여서 나에게 바쳐야 한다. 절대로 사거나 팔아서는 안 된다."는 왕명(王命)을 듣고 선혜 선인은 괴로웠습니다.

선혜 선인은 부처님께 공양 올릴 꽃을 구하러 다니다가 우연히 꽃을 갖고 있는 구이 선녀를 만났습니다. 그녀는 일곱 송이의 꽃을 가지고 있었는데, 왕명을 듣고 두려워서 병 속에 꽃을 감추고 있었습니다. 선혜 선인의 지극한 마음이 꽃에게까지 전달되어 꽃이 저절로 솟아올라 선혜 선인이 꽃을 발견하게 되었던 것입니다. 선혜 선인은 구이 선녀에게 꽃을 팔라고 간절히 부탁하였습니다. 하지만 구이 선녀는 팔 수 없다고 단호하게 대답했습니다.

선혜 선인은 은전 5백냥이라는 어마어마한 돈을 꽃값으로 주겠다며 다섯 송이만 팔라고 거듭 요청하였습니다.

"그 많은 돈을 지불하면서까지 꽃을 사서 도대체 어디에 쓰시려는 거예요?"라는 구이 선녀의 물음에, 선혜 선인은 부처님께 공양을 올릴 것이라고 대답합니다. 선혜 선인의 말을 듣고 구이 선녀가 다시 물었습니다.

"무슨 까닭으로 부처님께 꽃을 바치시려는지 궁금하군요."

"깨달음을 성취하여 중생을 구하고자 합니다."

구이 선녀는 마음속으로 생각했습니다.

'참으로 대단한 사람이구나. 이 남자는 뜻이 훌륭하고 지극하구나. 깨달음을 성취하기 위해 돈을 아끼지 않는구나. 이런 남자라면 평생을 믿고 맡길 만하겠다.' 라고 생각한 구이 선녀는 선혜 선인에게 한 가지 제안을 합니다.

"제가 지금 이 꽃을 드리겠으니, 세세생생토록 언제나 당신의 아내가 되었으면 합니다."

"저는 온갖 욕심을 끊고 청정한 행을 닦으며 깨달음을 구하고 있습니다. 그렇기 때문에 부부의 인연을 받아들일 수 없습니다."

"그렇다면 저도 꽃을 드릴 수가 없어요. 안타깝지만 어쩔 수 없네요."라는 구이 선녀의 말에 선혜 선인이 타협안을 내놓았습니다.

"저는 꽃이 꼭 필요합니다. 청을 들어주어야 꽃을 주겠다면 어쩔 수 없군요. 그대의 뜻이 그렇다면 따르겠습니다. 하지만 저는 보시를 좋아해서 남이 원하는 것은 무엇이든 다 줍니다. 만약 어떤 사람이 내게 머리와 눈, 골수뿐만 아니라 아내와 자식을 달라 해도 줄 것입니다. 그대는 내가 보시하는 것을 막아서는 안 되는데 그렇게 할 수 있겠습니까?”

라는 선혜 선인의 말에 구이 선녀는 흔쾌히 대답했습니다.

“당신 뜻대로 하겠습니다. 저는 여자의 몸이라서 앞에 나설 수가 없으니 제 꽃 두 송이도 당신이 부처님께 올려 주세요. 부처님 전에 제가 세세생생토록 오늘 이 소원을 잃지 않고 간직하며 살 수 있도록 고해 주세요.”

선혜 선인은 구이 선녀에게 일곱 송이 꽃을 받아 지니고 큰 길 가에 나가 부처님을 기다렸습니다. 마침내 연등불이 도착하셨습니다. 그때 등조왕은 관리들을 거느리고 부처님을 맞이하였습니다. 등조왕은 부처님께 예배하면서 관리들에게 전국에서 거둬들인 수만 송이의 꽃을 부처님께 올리라고 했습니다. 그런데 그 많은 꽃이 다 땅에 떨어져 금세 시들어버렸습니다.

선혜 선인은 사람들의 꽃 공양이 다 끝난 뒤에 꽃을 올렸습니다. 다섯 송이를 올리면서 ‘깨달음을 얻어 모든 중생을 구하고자 합니다.’라는 서원을 발하였는데, 꽃이 공중에 머물다가 부처님께서 앉으시는 연화대(蓮花臺)로 변했습니다. 이어 꽃 두 송이를 올리면서 구이 선녀의 부탁대로 ‘세세생생 오늘의 소원을 간직하고 살겠습니다.’라고 발원하였습니다. 이 꽃 또한 공중에 머물렀습니다. 사람들은 이 광경을 보고 일찍이 없었던 희유한 일이라며 찬탄하였지요. 부처님께서도 칭찬하시며 “훌륭하다. 그대는 반드시 성불하리니,

그 명호를 석가모니라 하리라."는 수기(授記)를 내려주셨습니다.

선혜 선인이 바로 훗날 석가모니 부처님이요, 구이 선녀가 바로 야소다라 공주입니다. 야소다라 공주는 전생에 약속한 대로 부처님을 만 중생에게 보내드린 셈입니다. 결혼식을 할 때 선혜 선인과 구이 선녀의 서원을 가슴 깊이 간직하고, 부부의 연을 뛰어넘어 이생에 깨달음을 이루리라, 아니 이미 깨달은 부처님의 제자이니 부처님 말씀대로 살겠다는 서원을 세운다면 멋진 인생이 펼쳐질 것입니다.

아울러 이왕이면 절에서 일곱 송이 꽃을 공양 올리며 여법하게 화혼식을 올리면 좋을 것입니다. 하지만 사정이 여의치 않은 경우 결혼식은 비록 대중예식장에서 하더라도 그 뜻은 되살리시라는 의미에서 화혼식 중 고유문(의식에 들어가기 전에 주례법사가 부처님 전에 아뢰는 말)의 내용을 알려드리겠습니다.

고유문

"병법 제자는 삼가 부처님 전에 아뢰옵니다. 지혜광명으로 온 누리 빛내시고 자비의 은혜로 모든 중생 감싸시는 부처님, 불자 000군과 000양은 이미 부부 되기로 약속하옵고, 오늘 000에서 화혼식을 올리오니 자비로써 이끄시고 지혜로써 가피하시어 이들의 서약을 증명하시고 자비광명으로 감응하옵소서. 대자대비 부처님, 오늘 두

불자의 화혼은 위없는 깨달음을 성취하려는 원력으로 하나가 되고
보살도 이루려는 행원으로 하나가 되어 진리의 광명을 받드는 아름
답고 행복한 가정으로 성장됨을 증명하옵시고 가피 하옵소서.
두 사람의 믿음은 나날이 견고하고 금슬은 화합하여 지혜와 복덕은
더욱더 빛나서 부모님께 효순하며 자녀에게 어진 부모 되어 이웃에
봉사하고 중생들로 하여금 깨달음의 길로 인도하여 부처님 크신 은
혜 갚아 지이다.”

주례사

“오늘 날씨가 유난히 좋습니다. 두 분의 결혼을 천지 만물도 축복해
주고 있습니다. 참으로 경사스러운 날입니다. 양가 부모님과 새롭
게 출발하는 신랑 신부를 위하여 왕림해 주신 내빈 여러분께 먼저
감사를 드립니다. 여러분의 축복의 마음이 자양분이 되어 신랑 신
부가 행복한 가정을 일구는 데 큰 힘이 될 것입니다.
결혼은 화합이요, 행복이 대전제입니다. 부모님을 잘 모시고 자녀
를 화목한 가정을 일구시기 바랍니다. 오늘 이 아름다운 신랑 신부
가 있기까지 긴 세월 동안 부모님의 지극한 사랑의 보살핌 덕분입
니다. 부모님께 효순하며 자녀에게는 어진 부모가 되어 자자손손
효자가문이 되어 사회의 빛이 되어주실 것을 간절히 바랍니다. 행
복한 가정은 복지사회의 주춧돌이요, 자유평화의 본질입니다.

부처님께서 말씀하시길, 눈 한번 마주쳐도 500전생 인연이라 하였습니다. 부부가 되는 이 인연이야말로 몇 백 몇 천만 생의 인연인 줄 모릅니다. 지중한 인연으로 금생에 다시 부부가 되었으니 화합하기를 새의 두 날개와 같이, 수레의 두 바퀴같이, 이인삼각 경기를 하는 것같이 행복한 가정이라는 하나의 목적을 향해서 서로 화합하여 나아가시기를 바랍니다. 모쪼록 행복한 가정 이루시길 부처님 전에 거듭 발원합니다. 감사합니다."

이렇게 가족 친지가 지켜보는 가운데 여법하게 화혼식을 올리고, 부부가 친구, 동지, 도반으로 산다면 평생 진정으로 행복하고 안락한 삶을 살아갈 수 있을 것입니다.

부부 백년해로 헌장

1. 인내하며 다툼을 피한다.
2. 칭찬에 인색하지 말라.
3. 웃음과 여유를 가지라.
4. 서로 기뻐할 일을 만들라.
5. 사랑을 적극 표현하라.
6. 함께 오락, 취미 활동을 하라.
7. 금주, 금연, 건강을 지켜라.
8. 서로 지나치게 의존하지 말라.
9. 매년 혼약 갱신 선언하라.
10. 부부 교육에 적극 참여하라.

중년, 새롭게 출발하라

천국과 지옥의 갈림길

가을바람이 제법 쌀쌀합니다. 가을 하면 자동적으로 연상되는 말이 많습니다. 사색, 독서, 풍요, 결실, 남자의 계절, 중년, 외로움 등이 떠오르는 것을 보면 습이라는 것이 몸에만 배는 게 아니라 마음에도 배는가 봅니다.

우리네 인생 하루하루의 행보가 이 몸과 마음에 새겨져서 어느 날 어느 생엔가 툭 터져 나와 영향을 미친다는 것을 깨닫게 된 것도 어느 가을날이었습니다. 또한 수행은 다음 생을 위한 것도 아니고 그렇다고 전생 업을 닦기 위한 것도 아니고, 오직 바로 이 순간의 문제를 해결하기 위한 것임을 안 것도 그 무렵이었습니다.

실로 수행은 수행자의 전유물이 아닙니다. 인생의 갖가지 고통에서 벗어나 진정으로 행복해지기 위해서 모든 사람이 수행해야 하는 것입니다. 수행법 또한 참선을 하느냐, 염불을 하느냐, 위빠사나를 하느냐가 중요한 게 아니라 궁극적으로 마음을 변화시킬 수 있을 때 그 의미가 있는 것입니다.

왜 뜬금없이 가을 타령을 하다가 수행 이야기를 하는가 의아해할 사람도 있을 것 같아 결론적으로 먼저 언급해야겠습니다. 인생의 가을이라 할 수 있는 중년기야말로 새롭게 발심 수행하기에 적합한 시기라는 것, 딴생각 하지 말고 '중년의 새로운 출발은 수행으로'라는 것을 캐치프레이즈로 삼았으면 하는 것이 노비구의 간절한 바람입니다.

작년 가을 평소 알고 지내던 중년의 거사(남자 신도)가 찾아왔습니다. 법당에서 참배를 하고 나온 그분이 먼 산을 바라보고 있는데 그 모습이 너무나 외로워보였습니다. 차나 한잔 하자며 요사채로 불러들였지요.

"스님, 그 동안 열심히 살아왔습니다. 그 덕분에 경제적으로 안정을 찾았고, 자식들도 잘 컸고, 집사람도 그만하면 잘 하는 편인데 왜 이렇게 허전한지 모르겠습니다."
라고 하는데, 그 눈빛이 너무 간절해서 내 가슴까지 잠시 쓸쓸한 마음이 전염된 것 같은 느낌이 들었습니다. 봄 감기보다 가을 감기가 더 무섭듯 사춘기보다 사추기가 더 무섭다고 합니다. 보통 40~50대에 맞는 사추기는 일생에서 가장 큰 생리적·심리적 변화를 겪는 시기입니다(대체적으로 남성들은 점차 여성화되고, 여성들은 점점 남성화된다고 합니다).

요즘 초스피드로 변화하는 세상, 생존경쟁의 현장에서 생활인들이 겪는 스트레스는 가히 측정하기 힘듭니다. 사회적으로 성공했다는 사람들도, 평범한 사람들도 힘들기는 마찬가지입니다.

특히 남성들의 스트레스가 더 큰 것 같습니다. 가장이라는 무거운 책임감을 짊어지고 가정을 위해서 앞뒤 보지 않고 일만 했는데, 돌아오는 것은 가정을 등한시 했다는 아내와 자식들의 불평뿐입니다. 중년 남성들 가운데 부인과 자식들에게서 버림받은 것 같다는 소외감 때문에 속으로 끙끙 앓는 이들이 많다고 합니다. 그러다가 우울증에 시달리는 경우도 있고, 자칫 방심한 사이에 외도를 해서 패가망신하는 경우도 있습니다. 요즘 대입이혼, 황혼이혼 등 결혼한 지 20년 이상 된 중년이혼이 대폭 늘고 있다는 소식도 이와 무관하지 않을 것입니다.

이 시기를 잘 보내느냐 못 보내느냐에 따라 앞으로의 인생이 달라집니다. 그야말로 지옥과 천국의 갈림길에 있다 해도 과언이 아닙니다. 마음은 청춘인데 몸은 점점 쇠퇴해가고 자신감도 없어집니다. 이는 남성뿐만 아니라 여성도 마찬가지입니다. 이때를 잘 보낸 사람은 행복한 노년을 맞이할 수 있고, 그렇지 않은 사람은 비참한 말년을 보내다가 저 세상으로 갈 것입니다.

비교하는 마음을 버리고 수행하라

전업주부들의 경우 빈둥지 증후군이라 하여 자식들이 떠난 빈자리 때문에 우울증에 시달리는 이들도 많다고 합니다. 제가 아는 보살(여성불자)도 전혀 그럴 것 같지 않은데 가벼운 우울증을 앓았다고 합니다. 다행히 부부가 나란히 불교대학에 입학하여 함께 불교 공부를 하고, 봉사활동을 하고, 남편과 함께 사교댄스, 등산 등 취미생활을 하면서 우울증을 극복했다고 합니다. 그런데도 가끔 주위 친구들이 암에 걸렸다거나 사업에 실패해서 경제적으로 어려워졌다는 소식을 접하면 말로 표현할 수 없이 우울감에 빠진다고 합니다.

"스님, 불안한 건 여전해요. 제가 욕심이 많은 것도 아닌데, 여전히 돈도 더 모아야 할 것 같고, 조금만 아프면 큰 병이 걸린 것은 아닌지 불안해서 병원을 찾곤 합니다."라는 그 보살의 말을 들으면서 습관이 얼마나 무서운지 또 한 번 깨달았습니다. 우울증, 불면증, 불안증, 공포심 등이 모두 습관, 생각하는 방향 때문에 생긴 것입니다. 평소 남보다 더 잘 살아야겠다, 더 건강해야겠다는 생각을 꾸준히 해왔기 때문에 조금이라도 남과 비교해서 뒤처진 느낌이 들면 불안해지고 우울해지는 것입니다.

어디 그 보살뿐이겠습니까? 오늘날과 같은 자본주의 사회에서 그 보살은 지극히 평범하고 정상적인 가치관의 소유자입니다. 중년의 남녀 100사람에게 "현재 당신에게 가장 필요한 것이 무엇인지 솔직하게 대답해 달라."고 물었을 때 아마도 100이면 100 대부분의 사람들이 건강과 경제력이라고 답할 것입니다.

건강을 잃으면 모든 것을 잃으니, 건강을 손꼽는 것은 당연한 이치입니다. 하지만 건강이 목적이 아니라 건강해야 수행도 하고 봉사도 할 수 있기 때문이라는 가치관이 제대로 정립되어야 합니다.

자본주의 사회에서 살아가는 만큼 경제력도 무시할 수 없습니다. 하루하루 살아나가는 게 경제생활이라 해도 과언이 아니기 때문입니다. 문제는 건강과 경제에 너무도 집착하는 데 있습니다. 수단이 목적이 된 양상입니다. 건강도 경제도 욕망으로 얼룩진 상태에서 집착하면 행복은 저만큼 달아납니다.

불자라면 조금 달라야 하지 않겠습니까? 지나온 삶이 욕구 충족의 삶이었다면 앞으로 남은 삶은 마음공부를 통해 진리의 삶을 살아야

하지 않겠습니까? 중년에 새로운 출발을 하려는 분들에게 마음공부의
원리를 일러드리겠습니다.

괴로움이 크면 깨달음도 크다

마음공부를 하는 사람은 세속적으로 하찮은 일에서 벗어나 단순하게
살아야 합니다. 사방팔방 늘어놓은 인연에 끄달려 이러지도 저러지도
못하면 마음공부를 제대로 할 수 없습니다. "이혼하고 나서 마음공부
를 하게 되었으니 오히려 전남편에게 감사한다."는 보살도 있습니다.
50대에 이혼한 전업주부가 이런 말을 하기가 쉽지는 않습니다. 그만
큼 공부가 된 것이지요.

　자신의 인생에서 좋지 않은 일을 당했을 때 그것을 오히려 좋은
공부의 기회로 삼는다면 그보다 더 좋은 일이 없습니다. 번뇌 즉 깨달
음이라는 말이 있는 것처럼 괴로움이 크면 깨달음도 큽니다. 어쩌면
역경계가 공부하는 분들에게는 더 좋을 수도 있습니다. 어릴 때부터
나이 들어서까지 너무나 순탄하게, 천상의 삶처럼 풍족하게 살아온 사
람들을 살펴보면 마음공부를 하는 이들이 드뭅니다. 그래서 가끔은 역
경계가 낫다는 생각이 듭니다.

　하지만 역경계를 당했을 때 공부의 기회로 삼기보다는 더 깊고
아득한 수렁으로 빠지는 경우가 많습니다. 상대방을 원망하고 욕하면

서 부글부글 끓어오르는 탐진치 삼독심을 제어하지 못해 방황하고 괴로워하며 심지어는 스스로 목숨을 끊는 경우도 있고, 남을 해치는 경우도 있습니다.

그래서 평소 전법을 열심히 해야 하는 것입니다. 전법은 우리 사회의 가장 훌륭한 최고의 안전망입니다. 인생이라는 것이 좋은 일도 있고 나쁜 일도 있지 않습니까? 나쁜 일을 당했을 때 평소 마음공부를 해왔던 불자라면 더욱 열심히 정진해야겠다는 생각을 냅니다. 물론 좋은 일이 왔을 때도 기뻐서 날뛰지 않지요.

주위사람들이 불행한 일을 당했을 때 위로해 주는 것도 필요합니다. 그렇지만 부처님의 가르침을 전해 주고, 마음 공부하는 법을 일러 주는 것이 그 당사자에게는 더욱 큰 이익이 됩니다. 위로라는 것도 한 순간이요, 스스로 마음을 깨쳐 역경을 있는 그대로 받아들일 때 근본적인 치유가 되기 때문입니다.

남의 행복에 힘쓰면 예뻐진다

얼마 전 50대 여자 분과 이야기를 나누게 되었습니다. 나이에 비해 무척 젊어 보이기에 수행을 잘한 모양이다, 얼굴빛이 좋다며 덕담을 해주었지요. 그녀는 "스님, 요즘 아줌마들 사이에 떠도는 여자의 일생이 뭔지 아세요? 10대는 부모님께 의지하고, 20대는 저 잘난 맛에 살고, 30대는 남편 자랑하는 맛에 살고, 40대는 자식 자랑하는 맛에 산대요. 그런데 50대, 60대부터는 이것도 저것도 다 부질없고 건강한 게 최고래요."라고 하면서 요즘 건강을 위해 걷기, 등산, 요가, 에어로빅 등 다양한 운동을 한다고 합니다. 운동하기에도 바쁠 것 같은 그녀의 일상에 대해 듣다보니 왠지 허전했습니다.

건강을 잃으면 모든 것을 잃으니 건강을 챙기는 것까지는 좋은데 그 정도 되었으면 이제 본인만을 위한 삶이 아닌, 다른 사람을 도와주는 보살의 삶을 살았으면 하는 아쉬움이 남았습니다. 그런데 바로 이어서 "스님, 앞으로 호스피스 공부를 해야겠어요. 전문적인 지식을 쌓아야 봉사도 잘 할 수 있을 것 같아요."라는 말을 듣고 속이 다 시원해졌습니다. '역시나, 그럼 그렇지' 하는 생각이 들었습니다.

마음이 따뜻하고 아름다운 사람이었기에 얼굴빛이 그렇듯 좋았던 것입니다. 링컨의 "마흔을 넘긴 사람은 자기 얼굴에 책임을 져야 한다."는 말이 아주 유명합니다. 얼굴에 마음 씀씀이, 그동안에 살아온 이력이 다 담겨 있기 때문입니다. 자기 얼굴을 가장 아름답게 가꾸는 방법이 무엇일까요? 마음가짐입니다. 치장하지 않아도 남을 도와 잘 되게 하는 사람, 늘 베푸는 사람, 사랑하고 용서하는 사람, 따뜻한 미소와 평온한 마음을 간직한 사람은 아름답습니다. 아무리 나이가 들어도 눈빛이 맑고 얼굴빛이 곱습니다. 참으로 행복한 사람입니다.

한창 자식들이 자랄 때는 제 자식 챙기기도 바쁜 게 보통사람의 인생입니다. 경제적·육체적으로 남을 돌보고 싶어도 돌볼 겨를이 없을 것입니다. 그래도 조금씩이나마 형편껏 돕는 습관을 들여야지 복이 옵니다. 근본자리에서 보면 남을 돕는 것이 곧 자기 자신을 돕는 것이기 때문입니다. 참다운 보시는 깨달음을 성취하는 길입니다. 마음속에 깊이 뿌리내린 인간을 병들게 하는 탐내고 성내고 어리석은 삼독심을 제거하여 진실한 자아를 자기 내부에서 보아야 합니다. 깨달은 분상에서 보면, 너와 내가 둘이 아닙니다. 손가락 끝과 발가락 끝이 떨어져 있지만 한 몸이듯 인간 개개인이 떨어져 있으되 궁극적으로 한 몸입니다.

그래서 봉사, 보시, 수행은 말만 다를 뿐 한가지입니다. 열심히 봉사하면서 지극한 행복의 경지를 느낄 수 있고, 열심히 자기 것을 덜어 남에게 주면서 큰 기쁨을 느낍니다. 수행하면서 나와 남이 둘이 아닌 경지를 체득합니다. 저절로 봉사하고 싶고 보시하고 싶습니다. 우리가 수행을 하는 것은 깨달음이라는 거창한 목표를 성취하기 위함이 아니라 남에게 봉사하고 보시하면서 행복한 세상, 즐거움이 넘치는 세상을 만들기 위함입니다.

기꺼이 호스피스 교육을 받고 봉사하고 싶다는 그녀를 위해 호스피스에 대해 이야기해 주고, 불교신자들의 호스피스 모임(다음카페: vorinaeum)도 소개해 주었습니다.

호스피스는 말기 환자들의 여생을 행복하게 보낼 수 있도록 도와주는 것입니다. 신체·정서·사회·영적인 돌봄을 통해서 보다 높은 삶의 질을 유지하다가 삶의 마지막 순간을 편안하게 보낼 수 있게 돕고, 임종 후 가족들의 슬픔과 고통을 잘 극복할 수 있도록 돕는 일입니다. 나는 개인적으로 호스피스 봉사를 하는 분들을 만나면 지장보살의 화신이라고 찬탄합니다. 간병이 여덟 가지 복전 중의 하나인데, 호스피스는 그 중에 으뜸이라고 생각합니다.

호스피스는 임종을 자연스런 생의 한 과정으로 보고 긍정적으로 받아들일 수 있도록 돕습니다. 인간이 마지막으로 머물면서 생을 정리하고 완성할 수 있도록 돕는다는 것이 말처럼 쉬운 일은 아닙니다. 호스피스 봉사자에게 가장 중요한 자질은 스스로 수행을 통해 안심입명, 평온한 마음상태여야 한다는 것입니다. 자기 자신도 흔들리는데 어떻게 죽어가는 사람을 도울 수 있겠습니까?

평소 수행을 열심히 한 건강한 불자들이 호스피스 봉사를 하면 더할 나위 없이 좋습니다. 수행자가 말기환자 옆에 앉아있으면 환자도 편안하고, 본인 스스로도 수행정신이 샘솟습니다. 또한 자비한 마음으로 환자가 통증을 호소하는 부위에 손을 얹으면 통증이 얼음 녹듯이 사라지기도 합니다. 예전에 우리 할머니들이 손자가 배 아프다고 울면, "관세음보살, 할미 손은 약손이다, 할미 손은 약손이다, 관세음보살." 하며 배를 문질러주던 기억이 있을 것입니다. 그렇듯 자비심은 약보다 낫고 진통제보다 나은 것입니다.

한편 건강하지 않은 사람은 호스피스 봉사를 하면 버거워서 얼마 못 합니다. 본인이 아픕니다. 너무 나이가 든 사람도 하기 힘듭니다. 50대가 아주 적당합니다. 그래서 얼굴빛도 곱고 건강한 그녀가 호스피스 봉사를 하고 싶다는 말을 듣고 그토록 기뻤던 것입니다. 그리고 그녀라면 더 많은 친구들을 봉사의 삶, 보살의 삶으로 이끌 수 있기에 더욱 반가웠습니다.

우리 시대의 지장보살 호스피스 십계명

1. 먼저 명상하라. 본인부터 극락왕생에 대한 확신을 가져야 한다.

2. 환자와 일체감. 환자의 이상한 행동이나 말도 수용하고 수순해야 한다.

3. 환자에게 자신을 먼저 알리고, '선생님, 보살님' 호칭을 쓰게 하라. '고생합니다' 자부심을 갖고 활동한다.

4. 죽는 게 문제가 아니라 통증이 문제다. 통증은 외로울 때 더욱 심하게 느껴진다.

5. 단주, 호신불 등 환자가 위안을 받을 수 있는 선물을 준다.

6. 호스피스는 지도자, 교육자가 아니라 안내자, 변호자, 보호자로 먼저 신뢰를 얻어라.

7. 환자와 가족에게 동의를 얻는다. 희망과 가치가 있어야 믿는다. 정직, 공경, 영적 지지.

8. 항상 영적으로 공경, 존경어를 쓰면서 환자를 부처님께 인도하는 인로왕보살 노릇을 한다.

9. 욕망은 끝까지 간다. 까다로운 음식습관 들어주고 알아주고 이해해 준다. 그 욕망이 단절되면 폭발하는 건 당연한 일, 자연현상이니 슬기롭게 대처한다.

10. 호스피스는 환자를 부처님 모시듯 섬긴다. 우리가 죽음을 생각하는 것만큼 인간의 도덕적 생활에 도움이 되는 것은 없다. 말하는 쪽은 어리석은 자라도 듣는 사람은 현명하다. 온화하게 잘 들어준다.

중년의 복병, 병고를 극복하는 법

멀쩡하게 잘 지내던 사람이 어느 날 갑자기 쓰러졌다는 소식, 운명했다는 소식을 들으면 허망하기 짝이 없습니다. 병은 인생을 깨닫게 하는 훌륭한 교사라는 생각을 하고 있으면서도 막상 그런 소식을 들으면 안타깝습니다.

사실 질병이 곧 요법입니다. 병이 나는 것은 비정상적인 요소를 개선해달라는 우리 몸의 호소입니다. 몸이 낫기 위하여 스스로 선택한 방법이 곧 질병이니 증상에 순응해서 자연스럽게 치유할 수 있도록 해야 합니다. 교통사고 등 재해로 인한 병고나 사망, 세균에 감염된 경우는 예외겠지만, 대부분의 질병은 평소 마음가짐과 생활태도, 식습관에서 비롯된다 해도 과언이 아닙니다. 몸의 고장에 앞서 마음의 고장이 먼저 일어난 경우가 많습니다. 미련을 버리고 마음을 비운 사람은 대체로 건강한 편입니다.

가만히 살펴보면, 아픈 사람일수록 자기 몸을 매우 아낍니다. 그렇게 육신에 급급하다 보면 그 곳에 에너지가 집중되어 병이 생깁니다. 그 반대로 병에 집착하지 않고 마음을 비우면 오히려 나을 수 있습니다. 병원에서 시한부 진단을 받은 말기암 환자가 미련을 다 버리고 자연으로 돌아가 병에 신경 쓰지 않고 병을 벗 삼아서 그저 마음 편히 살았더니 병이 낫더라는 기사를 많이 보았을 것입니다.

중년은 육체적·정신적으로 한 굽이 넘기는 시기입니다. 잘 넘기면 더 건강해질 수 있고, 자칫하면 중년의 복병인 병고에 시달리다 몸을 바꿀 수도 있습니다. 중년, 특히 중년남성들의 병고는 이미 예견된 것입니다. 생각해 보십시오. 그동안 어떻게 살아왔습니까?

50대라 하였을 때 쉴 새 없이 뒤도 돌아보지 않고 앞만 보며 달려온 인생입니다. 그러는 동안 자꾸 늘어나는 것이 재물욕이요, 색욕이요, 식욕이요, 명예욕이요, 수면욕입니다. 오욕락은 자꾸 늘어가게 되어 있습니다. 이 오욕락이 몸과 마음을 해치는 주범입니다. 재물을 가지고 싶다 해서 마음껏 가져질 수 있는 것입니까? 또 가지면 가질수록 더 갖고 싶습니다. 명예욕 또한 한번 갖게 되면 놓을 줄을 모릅니다. 집착을 놓아야 살 길이 보이고 행복해지는데 도대체 집착이 놓아지지 않는 것입니다. 한 번도 놓는 공부를 하지 않았기 때문입니다.

그렇게 쥐고만 있던 사람이 어느 날 놓아야 하는 상황이 벌어집니다. 대기업 간부로 승승장구하던 사람이 어느 날 갑자기 정리해고를 당합니다. 권세도 마찬가지입니다. 국민이 뽑아주지 않으면 하루아침에 금배지를 반납해야 합니다. 본인이 원해서 놓는 게 아니라 주위 환경에 의해서 놓게 되니 스트레스를 받고, 건강을 해치게 되는 것입니다.

자유당 시절에 있었던 얘기입니다. 그 당시 장관도 했었고 국회의원도 했던 전진한 씨의 이야기입니다. 그분이 대통령 선거에 출마했다가 떨어졌습니다. 그런데 바로 그 다음날 사라진 것입니다. 사람들

생활 속의 건강법

1. 머리를 주먹으로 두드린다.
2. 눈알을 사방으로 굴린다.
3. 심호흡을 하루에 여러 번.
4. 손뼉 한 번에 사천 개 세포가 활성화된다.
5. 발목, 발가락 마사지를 할 것.
6. 혀를 입에서 자주 굴려라.
7. 잇몸을 손가락으로 지압하라.
8. 즐거운 노래를 자주 불러라.
9. 귀를 당기고 자주 비벼라.
10. 얼굴을 자주 손바닥으로 문지르라.
11. 어깨와 등을 자주 마사지하라.
12. 배와 팔다리를 두드려라.
13. 항문 조이기를 자주 할 것.

이 그분을 찾느라 난리가 났습니다. 낙선의 고배를 마시고 어디로 사라졌나? 혹시 자살한 것은 아닌가? 별의별 상상을 다했겠지요. 이리 저리 백방으로 알아보아 간신히 그분을 찾았습니다. 어디에 계셨을 것 같습니까?

지금도 동국대학교에 가면 정각원 법당이 있습니다. 정각원에서 참선을 하고 계셨던 것입니다. 비서관이 깜짝 놀라며, "뭐하고 계십니까? 찾느라 혼났습니다."라고 하자, "내 본업이 바로 이것이다. 본업이 자기 자리 찾는 것인데 왜 호들갑인가?"라고 했다는 겁니다. 참으로 멋지지 않습니까? 이 정도는 되어야 합니다. 이런 분이 대통령이 되었다면 어떻게 정치를 하였을까? 상상만으로도 신이 납니다.

그런데 사람들이 이것을 모릅니다. 정년퇴직을 하는 그 순간부터 늙어버립니다. 병이 들어버립니다. 마음 둘 곳도 모르고 갈 곳도 몰라 헤맵니다. 미리 미리 준비를 하지 않아서 그렇습니다. 인생의 예방주사를 맞아야 합니다. 젊어서부터 마음공부를 해야 합니다. 평소 마음공부를 한 사람은 저 전진한 장관처럼 아무리 답답한 상황에 처할지라도 본마음 자리를 찾을 수 있습니다.

자, 중년의 나이에 병고에 휘둘리는 삶을 살겠습니까? 아니면 건강한 몸과 마음으로 인간이면 누구든지 늙으면 자연적으로 병고가 찾아오는 늙은 부모님과 수많은 노인 분들을 위해 봉사하는 삶을 살겠습니까? 누누이 강조하는 바이지만 병자를 돌봐주는 공덕보다 큰 것이 없습니다. 부처님께서 말씀하시기를, "만약 나를 위할 생각이 있거든 먼저 병자를 위하는 것이 좋다." "보살은 수행할 때 모든 병자에게 의약을 베풀고 마땅히 이런 원을 세워야 한다. '중생들로 하여금 길이 온갖 병을 끊어버리고 여래의 금강신을 완성케 하여지이다' 하고 지극정성 발원하라."고 하셨습니다.

지금부터라도 마음공부를 하십시오. 스스로의 마음을 평안하게 갖고, 건전한 도반을 사귀고, 절에 다니면서 수행하고 봉사하십시오. 절에 다니느라 봉사하느라 좋은 햇살 받으며 몸을 부지런히 움직이면 저절로 건강해집니다. 백세 장수 할 수 있습니다. 중년건강은 몸만 가지고는 절대로 극복할 수 없습니다. 마음이 건강해야 합니다. 마음 건강의 필수 항목은 마음공부입니다.

중년의 모든 분들에게 새로운 출발을 제안합니다. 마음공부를 하십시오. 마음공부를 통해 자본주의 삶에서 찌든 욕망의 습을 끊어버리고 진정으로 행복한 삶, 유유자적한 삶을 영위하시길 빕니다. '마음공부하면서 봉사하자', 중년에 행복해지는 습관을 가집시다. 많은 사람이 이 대열에 들어설 때 세상의 흐름까지 바뀔 것입니다.

불교건강법

1. 인과법칙[心身一如]을 알자. 색즉시공 공즉시색, 나와 남, 자연, 일체의 은혜로 살아가고 있다.

2. 불성에 맞는 건강법

3. 삼독심이 병이다. 자비로우면 건강, 무자비하면 건강을 해친다.

4. 유행하는 건강법에 현혹되지 말자. 사람에 따라 유전자나 체질이 다르다.

5. 자연을 보호하라. 자기 생명을 온전히 하려면 뭇 생명을 보호하라. 자연에 귀 기울이라. 눈을 크게 뜨라.

6. 산의 영기로 활력을 얻자.

7. 부처님은 보리수 밑에서, 공자님은 회나무 밑에서 득도하였다.

8. 소나무, 잎, 솔씨.

9. 심신증(스트레스)을 예방. 소리 요법, 범종 소리, 교향곡, 제6감을 낳는 범패, 독경, 관음 정근.

10. 건강산책로는 사찰공간.

11. 체독을 제거하는 냉온욕. 숙변제거.

12. 일찍 자고 일찍 일어나기. 아침은 에너지의 원천.

13. 아침햇살을 맞으며 진동기공, 수공.

14. 합장은 우주의 기를 받아들이는 안테나(선정과 같은 상태)

15. 호흡법(呼~는 길게, 吸은 짧게)

16. 6바라밀 건강법

17. 운동은 보행으로(달리면 신체의 말초까지 혈액의 산소가 골고루 공급되지 않는다). 바른 자세 호흡(흡에 2보, 호에 4보).

18. 심신의 대청소 단식법, 숙변제거 마그밀.

19. 음식은 5색 5미 전체식, 신토불이, 제철 생야채(녹황색 채소), 자연재배 채소, 감잎차, 현미, 아침 죽, 밀기울.

20. 삼독(貪瞋癡) 소멸.

7장

아름다운 노년

열 자식이 한 부모도 못 모신다니…

사계절 다 제 나름으로 의미 있고 아름다운 것처럼 인생 역시 마찬가지입니다. 어린이는 어린이대로, 노년은 노년대로 다 제각각 인생의 황금기라는 말씀입니다. 아니, 상엽(霜葉)이 홍어이월화(紅於二月花)라, 가을 단풍이 봄꽃보다 아름답다는 말처럼 인생의 장년, 노년기가 더욱 아름다울 수 있습니다.

그런데 노년은 생각하는 것만으로도 칙칙하다는 이들이 많습니다. 젊은이들만 이렇게 생각하는 게 아닙니다. 젊은 시절 열심히 노후대책을 세우고, 또 혼자서도 재미있게 놀 수 있는 노하우를 갖고 있는 이들은 본인도 노인이면서 "동네 노인정 분위기 딱 질색"이라고 합니다.

사실 요즘 70대, 80대는 노후대책은 생각조차 못한 분들이 대부분입니다. 나 역시 70대로서 우리 연배의 애달픈 삶을 보면 가슴이 아픕니다. 유소년기에는 일제식민통치하에서 나라 잃은 백성으로 살았으며, 청년기는 해방 후 혼란기와 6.25사변 전쟁 통에 동족상잔의 비극을 체험했습니다. 장년기는 먹고 살기 위해 뼛골 빠지게 일했습니다. 지극히 풍요로웠던 사람을 제외하고는 대부분 고단한 삶의 연속이라 해도 과언이 아닙니다. 그러는 와중에 세상은 너무나도 많이 변했습니다.

누구나 늙습니다. 노인문제는 바로 나의 문제요, 인류 전체의 문제입니다. 이것을 정확히 인식해야 벗어날 수 있습니다. 노인문제를 개개인에게 다 돌릴 수는 없습니다. 국가가 나서서 해결해 주어야 할 측면도 많습니다. 하지만 어린아이들이 고아원에서 배불리 먹고 좋은 교육혜택을 받으며 자라는 것보다 조금 모자라더라도 부모의 사랑을 받으며 자라는 것이 더 행복하듯이 노인 또한 마찬가지입니다. 자식들과 따뜻한 정을 나누며 살아가야 더 행복합니다.

지금의 노인세대만 해도 효도는 최상의 덕목이었습니다. 물론 예전에도 "한 부모가 열 자식은 길러도 열 자식이 한 부모 못 모신다."는 말은 있었지만 요즘처럼 부모를 모시지 않는 것을 당연해하는 세대는 아니었습니다. 자식들이 멀쩡히 살아있는데도 외롭게, 경제적으로 힘겹게 살아가는 노인들이 너무나 많습니다. 독거노인을 돌봐드리는 불자들이 와서 하는 말을 들어보면, "내가 아픈데 오죽하면 안 오겠습니까." "다들 저 살기도 바빠요. 내가 무능한 탓에 제대로 교육을 못

시켜서 고생하고 있는 것을 보면 마음이 아파요."라며 자식 감싸기에
급급하답니다. 심지어 요양원 노인들 가운데 나라에서 주는 용돈을 모
아 자식이나 손자에게 주는 노인들도 아주 많다고 합니다.

부모의 자식 사랑은 어쩌면 본능에 가깝습니다. 늘 자식에게만
온통 신경을 빼앗기고 있으니 제 부모를 생각할 겨를이 없는 것입니
다. 자식의 뿌리는 부모인데, 늘 뿌리는 생각지 않고 가지와 잎에만
물을 주는 형국입니다. 부모를 잘 모셔야 내 자손이 번영하고, 세세생
생 좋은 인연을 만날 수 있다는 것을 모릅니다. 이 어리석음의 소치를
어떻게 깨우쳐 줄까, 부처님께서도 고민한 흔적이 많이 보입니다.

부모님을 섬기는 것이 부처님을 섬기는 것

불교는 효를 강조하는 종교입니다. 경 전체의 내용이 부모의 중한 은
혜를 일깨우는 경(『父母恩重經』)도 있습니다. 우리가 잘 아는 어버이
노래의 근원이 『부모은중경』입니다. 부처님께서는 『대집경』에서도
다음과 같이 말씀하시면서 부모를 잘 섬기라고 당부하셨습니다.

"부모님을 섬기는 것이 부처님을 섬기는 것이다. 천지신명을 다
섬겨도 부모님을 잘 섬김만 못하다. 부모야말로 최고의 신이다. 음식
과 보배만으로는 부모님의 은혜를 갚음에 족하지 못하니 인도하여 정
법으로 향하게 하는 것이야말로 부모님께 참 공양을 올리는 것이다."

석가모니 부처님께서도 깨달음을 성취하신 후 고향으로 돌아와서 아버님인 정반왕을 위하여 설법해 주셨고, 돌아가셨을 때는 정반왕의 관을 직접 짊어 메셨습니다. 또한 부처님의 10대 제자 가운데 신통 제일인 목련 존자는 지옥에 빠진 어머니를 구하려고 신통력으로 지옥에도 다녀오고, 어머니를 천도시켜 드리기 위해 스님들께 공양을 올리기도 했습니다. 백중(우란분절)은 목련 존자의 효행에서 유래된 불교의 명절입니다. 원효 대사께서는 "어떻게 부모님께 효도해야 합니까?"라고 여쭙는 제자에게 "부모님 생각으로 가득하라."고 하였고, 의상 대사는 부모님의 천도를 위해 삼천 제자와 함께 90일간 화엄경을 설하기도 했습니다.

효자에게 혜택을, 독거노인 돌보미 사업을 활성화시켜야

노인문제의 해결을 위해 효 정신을 부활시키는 게 급선무입니다. 불효하는 것 자체가 부끄러워서 도저히 얼굴 들고 살 수 없는 세상이 되어야 합니다. 또한 우리나라 노인복지시설에 천문학적인 금액을 쏟아 붓는다는데, 그걸 각 가정에 주어서 노부모를 봉양케 하면 가정경제가 살아날 것이라는 생각이 듭니다. 사실 경제적으로 어려워서 부모를 봉양하지 못하는 사람들도 있습니다. 지금도 노인을 모시면 혜택이 있다고 하는데, 더욱 다양한 혜택을 주어서 부모 봉양을 서로 하게끔 제도

적으로 이끌어야 한다고 봅니다. 세상 농사 중 제일농사는 자녀농사
요, 살림 중 제일살림은 가정살림입니다. 가정이 건전하고 굳건해야
국가도 사회도 편안한 것입니다.

　2003년 통계에 의하면 우리나라 노인 2,760명이 자살했다고 합
니다. 그 중에서 독거노인의 자살자는 일반노인보다 3배나 높다고 합
니다. 외로움이 깊으면 치매도 빨리 오고 자살 충동도 더 많이 느끼는
것입니다. 독신이나 자식 없이 홀로 사는 분들을 돌봐주는 독거노인
돌보미 사업을 활성화시켜야 합니다. 특히 그분들에게 말벗이 되어 드
려야 합니다. 누구나 자기 말을 들어주고 마음을 받아주면 행복하기
때문입니다.

　요양원에 봉사하러 다니는 신도분의 이야기가 감동적입니다. 몇
년 전 요양원에서 할머니의 말벗을 해드리고 있던 중이었습니다. 그분
은 건강이 너무 좋지 않아서 혼자 방에서 식사를 하였는데, 대화를 나
누고 있을 때 식사가 배달되었다고 합니다. 할머니가 밥을 혼자 드시
다가 미안스러워하며 같이 밥을 먹자고 하는 말에 스스럼없이 할머니
가 드시던 젓가락으로 식판에 놓인 밥과 반찬을 먹으니, 눈물까지 흘
리며 고마워하더라는 것입니다.

　그로부터 얼마 뒤 할머니가 돌아가셨고, 이분은 그 할머니를 위
해 49재를 지내드렸는데, 그 뒤로 모든 일이 잘 된다는 것입니다. 마
치 할머니의 영혼이 자기를 도와주는 것 같다고 말하더군요.

그렇습니다. 좋은 일을 하면 자기의 마음이 밝아지고 그 순간 복을 불러들입니다. 그것이 마음의 법칙입니다.

사찰에서 신도들을 교육시켜 독거노인 돌보미 사업을 활성화시킨다면 노인문제를 해결하는 데 큰 힘이 될 것입니다. 그러나 뭐니 뭐니 해도 개개인 스스로 노후 대책을 세우고 노년의 삶을 아름답게 보내기 위하여 준비하고 항상 행복해지는 습관을 들이는 것이 가장 중요합니다.

노후 준비 어떻게 할 것인가

"천파 만류 흐르는 물은

한 바다로 모이느니라.

백년 삼만 육천 일이

불급(不及) 승가(僧伽) 반일한(半日閑)이로구나."

인생은 천파 만류 흐르는 물입니다. 인생이 뭐고 어떻게 살아야 옳게 살아가는 것이냐? 백년 삼만 육천 일을 살아도 인생이 뭐고 어떻게 사는지를 모르고들 삽니다. 법답게 살지 않으면 살아도 사는 게 아닙니다. 백년 삼만 육천일 동안 살아온 것이 절에 와서 한 나절 법답게 사는 것만 못하다는 말씀입니다.

안녕하십니까? '나마스떼.' 세계 60억 가운데 인도 사람 10억이

쓰는 인사법인데 '그대의 영성을 존경합니다'라는 뜻입니다. 인도에 가서는 껍데기는 볼 것 없고 이 인사법 하나 배워오는 것만으로도 큰 소득이 됩니다. '나마스떼', 서로가 인사하며, 존경받는 노후를 준비해 봅시다.

노인도 자격이 있어야 한다

먼저 노후가 뭐냐? 우리는 한 살부터 늙어 가기 때문에 노인이 따로 있는 것이 아닙니다. 우리 인생 자체가 노후 준비를 하면서 사는 것입니다. 1982년 5월 8일에 세계 최초로 우리나라에서 노인 헌장이 제정됐는데, 한번 들어보십시오.

노인헌장

노인은 우리를 낳아 기르고 문화를 창조 계승하며 국가와 사회를 수호하고 발전시키는 데 공헌하여온 어른으로서 국민의 존경을 받으며 노후를 안락하게 지내야 할 분들이다.

그러나 인구의 고령화와 사회 구조 및 가치관의 변화는 점차 노후 생활을 어렵게 하고 있다. 우리는 고유의 가족제도 이래 경로효친과 인보상조의 미풍양속을 가진 국민으로서 이를 발전시켜 노인을 경애하고 봉양하여 노후를 즐길 수 있도록 노인복지 증진에 정성을 다 해야 한다. 우리는 아래와 같은 사항을 구현하기 위해 다 함께 노력한다.

첫째, 노인은 의식주에 있어서 전통의 미덕을 살려 자손의 극진한 봉양을 받아야 하며 지역 사회와 국가는 이를 적극 도와야 한다.

둘째, 노인은 의식주에 있어서 충족되고 안락한 생활을 즐길 수 있어야 한다.

셋째, 노인은 자신의 능력에 따라 사회 활동에 참여할 수 있어야 한다.

넷째, 노인은 심신의 안정과 건강을 누릴 수 있어야 한다.

다섯째, 노인은 취미 오락을 비롯한 문화생활과 노후생활에 필요한 지식을 얻는 기회를 가져야 한다.

그런데 문제가 있습니다. 의무를 다하지 않고 이러한 보상을 받는다면 이건 분명히 빚입니다. 우리가 여기서 생각해야 될 것은 스스로 '존경 받을 노인'인가 하는 것입니다. 노인도 노인 자격이 있어야 합니다. 요즘엔 과자 하나 만들어도 전부 자격증을 가지고 하는데 부부, 부모, 노인 자격증 시대가 앞으로 올 것입니다. 존경 받을 노인 자격이 있어야지 무조건 봉양만 받으려 해서는 안 됩니다. 다섯 가지로 한 번 생각해 봅시다.

첫째, 부모님께 솔선 효행을 했느냐? 왜냐하면 효자 집안에 효자가 나는 법이거든요. 부모는 자녀의 스승으로서 솔선해야 됩니다.

둘째, 3자녀 이상을 낳아서 열 가지 부모 노릇을 했느냐? 『부모은중경』에 열 가지 부모님 은혜가 있는데, 부모가 자녀에게 의무를 다했기 때문에 은혜가 된 것입니다.

셋째, 늙을수록 젊은 사람 말을 잘 들어야 합니다. 그런데 "세 살 버릇이 여든까지 간다."는 속담처럼 젊어서 말 안 듣는 습관이 있어서 젊은 사람 말을 잘 안 듣습니다. 늙어서 말 잘 들으면 이로운 것이 한두 가지가 아닙니다.

넷째, 성인병이 없느냐, 치매가 없느냐 이걸 물어봐야 합니다. 옳게 건전한 생활을 하면 병 따위는 안 걸리게 되어 있어요. 늙을수록 약봉지를 달고 사는 분들이 많은데, 병이 약으로 고쳐지는 게 아니에요. 제대로만 살면 그냥 낫게 되어 있는 능력, 자연치유력이 우리 스스로에게 다 있는 겁니다. 자꾸 약에만 의존해서는 안 됩니다.

다섯째, 마음공부를 했느냐는 겁니다. 사실 이게 가장 중요한 대목입니다. 제가 『평생공부』라는 책을 써서 사람들에게 나눠 주고 있는데, 우리 사는 것이 평생공부가 되어야 합니다. 염불이든 참선이든 마음공부는 세세생생 해야 할 것입니다. 마음공부를 하면 혼자 있어도 즐겁습니다. 혼자 잘 놀 수 있어야 노인 자격이 있는 것입니다. 요새 노인들이 혼자 못 놀아 가지고 젊은이들이 노인들을 위해 노래를 하고 유희를 하는 등 놀아주려고 애쓰는 모습을 자주 볼 수 있습니다. 책을 읽어 주고 말벗을 해주는 등 별의별 직업이 다 있다고 하네요. 이거 다 잘못 늙은 것입니다.

대략 이 다섯 가지를 갖추어야 노인자격증을 줄 수 있을 것입니다. 내가 이러다가 앞으로 노인 자격증 심사위원장 할지도 모르겠습니다. 어쨌든 최상의 노인 준비는 이 다섯 가지에 함축되어 있다 해도 과언이 아닙니다. 그렇게만 되면 만점 인생이라고 할 수 있습니다.

노인 6계명

노후 준비를 하시는 분들이 반드시 기억할 게 있습니다. 노인 6계명이 바로 그것입니다. 화랑도 5계는 알아도 노인 6계가 있다는 소리는 못 들었지요? 내가 만든 겁니다.

첫째 늙어서 포식하면 큰일 납니다. 잔칫집에 가서 진수성찬 차려 놓아서 포식했다 하면 병나게 되어 있어요. 포식은 독입니다. 젊어서 힘 있을 때는 고기를 많이 먹어도 끄떡없겠지만 노약자는 큰일 납니다. 문제는 사치식, 몸에 해로운 음식일수록 더 잘 팔린다는 데 있습니다.

둘째 변비를 고쳐야 합니다. 사람이 마지막 갈 때는 막혀서, 독을 뿜어내지 못해서 죽는 겁니다. 늙어서 누워 있으면 막히게 되어 있습니다. 아무리 힘들어도 죽는 날까지 몸을 움직이고 살아야 합니다.

셋째 시비를 하지 말아야 합니다. 늙으면 뭐든지 더 잘 보이는 겁니다. 젊은 것들 하는 짓을 보면 비위가 뒤틀립니다. 오랜 세월 동안 지식과 정보가 쌓인 데다 경험도 많다 보니 젊은이들이 사람 같지 않습니다. 그래도 절대 시비하면 안 됩니다. 하기야 어디 노인만 그러겠습니까. 세상에 버림 받는 것은 시비로 말미암은 게 많습니다. 남을 비난하고 시기하고 평가하고 책망하지 말아야 합니다. 자꾸 시비하면 사람들이 떠납니다. 자식이라도 자꾸 책망하면 떠납니다. 원수가 됩니다. 그보다 불행한 일이 어디 있느냐 말입니다. 이게 늙으면 특히 조심해야 하는 겁니다.

왜 젊어서 출세한 유명인사들, 스타들 있잖아요. 실력도 있고, 평생 남을 지시하고 충고하고 살았던 사람들 가운데 늙어서 처참하고 외로운 이들이 많습니다. 참선하는 수행자들 중에서도 늙어서 괴각이 되어 가지고 도저히 대중과 어울려 살지 못해 혼자 사는 분들이 있는데 이건 수행 잘못한 겁니다. 백두산 꼭대기에서 바위덩이 하나가 압록강 두만강 천 리를 내려가서 마지막에는 자갈돌이 되잖아요. 마음을 닦는다는 것은 그런 것입니다. 그래야 중생들이 쉬어 갈 게 아니겠습니까. 몇 십 년 수행했어도 그냥 삐쭉삐쭉 뿔난 것 같다 해서 괴각이라고 그러는 겁니다. 그래서 저 산속에서만 수행해서는 안 됩니다. 수심(修心)보다 용심(用心)을 하라고 했습니다. 마음을 이렇게 잘 써야 제대로 닦아지는 것입니다.

그런데 우리는 시비 비난 중독자입니다. 여러분 친구끼리 만나서 밤새 재미있게 수다 떠는 것이 뭡니까? 주로 남 비방하는 것 아닙니까? 그게 그렇게 재미있는 겁니다. 그렇게 자꾸 하다보면 시비 선수가 되고 외로워집니다. 늙을수록 절대 조심해야 하는 게 말조심입니다.

넷째 늙어서 낙상하면 큰일 납니다. 시비를 잘 하면 낙상도 잘하게 되어 있습니다. 한 번 넘어져서 뼈가 부러지면 기브스하고 일 년을 가도 안 붙습니다. 조심해야 합니다. 노인들은 낙상을 대비해서 둔부충격완화장비를 하나씩 차고 다니는 것도 좋습니다.

다섯째 검진하지 마세요. 검진하려면 며칠 굶어야 하고 피 빼야 하고, 또 조사하다가 몇 달, 몇 년을 탕진하는 겁니다. 늙으면 건강 염려하지 말고 그냥 그럭저럭 사는 게 좋습니다. 어렸을 때 시골 우리 동네에 리어카에 물건을 싣고 다니며 장사하는 사람이 있었습니다. 리어카를 10년, 20년을 끌고 다녔는지 만신창이가 되어있는데도 때우질 않아요. 아예 때울 데가 없어요. 새끼로 묶어서 그럭저럭 다니는 겁니다. 그걸 때우고 고치려고 작정하면 내버려야지 어떻게 고치겠습니까.

여섯째 큰돈 갖지 마세요. 왜 큰돈을 가지면 안 되는가? 큰돈을 가지면 교만해진단 말입니다. 사람이 늙은 것도 보기 싫은데 교만하기까지 하면 큰일 나지 않겠습니까? 또 큰돈을 가지고 있으면 아첨꾼들만 옆에 따라 붙습니다. 노인들은 특히 이 노인 6계명을 명심하고 건강하고 행복하게 살아가시길 당부하고 싶습니다.

노후대책, 바로 지금 이 자리에서 충실히 사는 것

60대, 70대는 노인이 아닙니다. 80이 넘어야 늙었다고 하는 것입니다. 옛날에 궁중에서도 80이 넘으면 임금님 앞에서 지팡이를 짚어도 된다고 했습니다. 그 전에는 지팡이를 짚으면 안 된다는 겁니다. 노인네 취급을 하지 않았습니다. 어린아이가 어린 양을 떨면 귀여워라 하고 받아줍니다. 노인들이 엄살을 떨면 '저 노인네가 망령이 났나' 하며 욕만 듣습니다. 늙어서 자식한테 버림받는 것이 큰 문제인데, 왜 그런 대접을 받아야 하느냐, 본인한테도 문제가 있고, 사회적인 분위기도 문제가 있습니다. 먼저 곱게, 깨끗하게 늙어야 합니다. 고집을 부려서도 안 되고 노욕을 부려서도 안 됩니다. 빚지고 살아가지 않도록 젊어서부터 준비를 해야 합니다.

요새 신문 지상에서 10억 모으기니 재테크니 하며 노후대책에 대해 왈가왈부하고 있습니다만, 그게 다가 아니라는 것을 깨달아야 합니다. 30에 입사를 해 가지고 55세 혹은 65세 정년퇴임할 때까지 일한다 해도 25~35년입니다. 내가 이 사람 저 사람 붙들어서 물어보았습니다. 월급 타서 근검절약해서 10억 모을 수 있느냐? 다들 먹고 살기바쁜데 어떻게 10억을 모을 수 있겠느냐고 합디다. 그런데 땅 투기 해라, 복권을 사라, 상가를 잡으라는 등 온 나라가 온통 재테크 열풍에 사로잡혀 있습니다. 잡는다고 되는 게 아닙니다. 튀밥이나 튀기지 땅은 튀겨지는 게 아니에요.

열 사람 가운데 여덟, 아홉 명은 재테크하다가 병나서 죽습니다. 물론 평생 동안 열심히 모아서 10억 이상을 가진 사람도 있습니다. 그런데 그 사람이 말년에 행복하게 살았느냐 하면 그렇지 못하거든요. 이분들은 죽는 게 문제가 아니라 아픈 게 문제가 아니라 돈을 침대 밑에다 깔아 놓고도 외로워서 죽겠다고 하소연합니다. 왜 그렇겠습니까? 평소 좋은 일을 했어야 보람이 생기고 기쁜 일이 있지요.

인간은 30세까지가 전편생이고 30~60세까지가 후편생입니다. 이 전편생 동안은 공부하랴, 남자들은 군대 가랴 자기 의지로 못 산 겁니다. 후편생은 자기 의지대로 살아야 하는데, 그 10억 모으려고 일가친지 형제간에 사람 노릇 했겠습니까? 인생 30년 허송한 겁니다. 자식들도 친척들도 "아, 젊어서부터 노후 준비 잘 하셨으니까 잘 계실 거여." 하고, 늘그막에 전화 한 통 하는 사람이 없어요. 그뿐 아닙니다. "저 인간, 평생 혼자 행복하려고 돈 만드는 데만 급급하더니…" 하며 욕을 얻어먹는 겁니다. 이런 사람의 노후가 행복해 보입니까?

자, 주먹 다 내놔보세요. 꽉 쥐어보고 쫙 펴보세요. 폈다 오므렸다 해보세요. 목욕탕에서 냉탕 온탕 냉탕 이렇게 냉·온욕을 반복하신 적이 있을 겁니다. 찬물 속에 들어가면 모든 심장 세포가 이렇게 오므려 들었다가 뜨거운 물속에 들어가면 펴지는데 이게 건강 목욕법입니다. 이게 목욕법에만 응용되는 게 아닙니다. 냉탕, 온탕, 수축, 이완, 수입, 지출이 조화를 이루어야 합니다. 수입만 좋아하고 지출에는 인색한 이들, 벌벌 떨면서 평생 구두쇠 노릇 하다가 결국 좋은 소리 한 번 못 듣고 죽습니다. 왜 이렇게 쫙 못 펴는지 모릅니다.

그런데 돈 한 푼 없는 사람이 자꾸 써대기만 하는 것도 문제입니다. 갚지도 못할 카드빚으로 신용 불량자가 되어서도 안 됩니다. 일찍이 부처님께서도 말씀해 주셨습니다.

"어떤 것이 바른 생활을 경영하는 것인가. 재물을 헤아려 수입과 지출을 알맞게 해야 한다. 만일 재물이 없는데도 마구 뿌려 쓰면서 생활하면 사람들은 그를 우둠바라 열매라고 부른다.

그는 종자가 없고 어리석고 탐욕이 많아 그 뒷날을 돌아보지 않기 때문이다. 또 재물이 풍부하면서도 그것을 쓰지 않으면 사람들은 그를 어리석은 사람이요, 굶어 죽는 개와 같다고 한다.

그러므로 재물을 잘 헤아려 수입과 지출을 알맞게 하나니, 이것이 바른 생활을 경영하는 것이니라. 이 네 가지 법을 성취하면 현재에서 편안하고 현재에서 즐거우리라."

- 『잡아함경』

부처님 말씀 잘 보셨지요. 그대로 실천하기만 하면 편안하게 잘 살 수 있습니다. 무엇보다 요새 신문 잡지에서 조장하는 재테크 열풍에 휩쓸려서 경제적인 준비만 하면 된다는 착각에서 벗어나야 합니다. 그러면 어떻게 해야 되느냐? 우리 할머니, 어머니들이 했던 것처럼 아들딸이 내 후신이다, 내 후신을 위해서라도 사람 노릇하며 살아야 한다는 겁니다.

제가 죽는 사람을 많이 보았는데, 사람 노릇한 분들은 늙을수록 본인도 보람을 느끼고, 일가 친지로부터 "참으로 잘 사신 분이여. 부디 부처님 나라로 가세요." 하고 찬사를 들으며 잘 가더라는 겁니다. 이보다 더 좋은 법이 있으면 한번 얘기해 보세요. 어쨌든 노후 준비는 바로 지금 이 자리에서 충실히 잘 살아가는 데 있습니다. 현재 부부간·형제간·이웃간에 충실하면 과거·미래 삼세가 좋아지는 것입니다. 현재를 보람 있게 살아야지 현재가 나빠지면 삼생을 다 망치게 됩니다.

여러분은 부처님 말씀대로 살고 계십니까? 주머니 없는 옷을 입고 갈 때를 생각하면서 살아가고 계십니까? 나의 영결식에 몇 사람이나 참석할까 한번 생각해 보셨습니까? 덕을 베풀어야 합니다. 덕은 외롭지 않아요. 부처님 말씀을 빌지 않더라도 수천 년 동안 내려온, 지혜로운 말씀입니다.

인생 사고가 아니라 노인 사고(老人四苦), 노인에게 네 가지 괴로움이 있는데 무엇이냐?

첫째, 심심해서 외로워서 죽겠답니다.

둘째, 일 없어서 죽겠대요. 이 일 많은 세상에서 말이에요.

셋째, 돈 없어서 죽겠다, 만족을 알아야 하는 겁니다. 만족을 몰라서 이렇게 헤매는 거예요.

넷째 아파서 죽겠답니다.

어떤 신도들은 절에 와서 "스님! 얼마나 심심하십니까?"라고 합니다. 그건 실례의 말이에요. 어떻게 수행하는 스님한테 이런 말을 할 수 있습니까? 본인들이 심심하니까 아무 생각 없이 이런 실례의 말을 하는 겁니다. 평생 아니 세세생생 마음 공부해온 사람이 외롭고 심심할 일이 어디 있겠습니까? 수행은 혼자라야 외로워야 더 잘 되는 것입니다. 앞서도 말씀드렸지만 혼자 경전도 보고 염불도 하고 참선도 하고 잘 놀 줄 알아야 합니다. "심심하면 염불이 잘 되더라, 참선이 잘 되더라." 해야 합니다.

사랑, 치매 환자에게
가장 좋은 영약

요즘 지하철이나 공원에 가보면 하릴없이 서성이며 방황하는 노인들이 많습니다. 앞서 얘기했듯이 노인 사고(老人四苦)를 극복하고 혼자서도 잘 놀 줄 알아야 하는데 그러기가 쉽지 않은가 봅니다.

수행이 최고지만 염불도 못하고 독경도 못하면 화투놀이라도 하세요. 그래야 뇌가 활성화되어서 치매에 걸리지 않습니다. 늙으면 왜 치매에 걸리는가. 뇌를 안 써서 그렇습니다. '내 나이에 별 수 없잖아.' 하고 엄살떨면 뇌도 뚜껑을 덮어 버립니다. 과잉보호를 하면 생명력이 솟지 않는 겁니다.

요즘 고령화시대를 맞이하여 노쇠로 인한 뇌의 퇴행(退行) 변화 때문에 지능이 저하되는 정신병인 노인성치매가 사회 이슈가 되고 있습니다. 사회가 선진화 될수록 치매환자가 늘어 가는데, 문화생활, 가

공식 때문에 그렇습니다. 뇌신경 비타민은 B군(B1, B2, B6, B12)입니다. 신경 영양제가 많이 들어있는 비타민 B군은 곡물의 눈, 씨앗에 많이 들어 있는데 곡식을 도정할 때 다 빠져 나가 비타민이 없는 음식을 먹게 되는 것입니다. 그래서 선진국이라고 하는 영국사람, 미국사람들 중에서 치매가 제일 많습니다. 우리도 그것을 따라가고 있는 추세인데, 음식을 어떻게 먹어야 할지 알겠지요? 현미, 통밀을 꼭 먹어야 합니다.

어쨌든 노인 가운데 치매 환자가 20%나 된다고 하니, 참으로 걱정스럽습니다. 실제로 노인성 치매 때문에 가정이 파탄 나는 경우도 많고 심지어 치매 걸린 부인을 시중 들던 남편이 부인과 함께 비관 자살했다는 소식도 들립니다. 노후 준비에 치매에 대한 대책은 꼭 세워야 합니다.

노인성 치매는 가족 구성원 모두를 불행하게 만들 수도 있습니다. 치매는 현대의학에서 난치, 불치에 속하지만 약물치료와 가족의 사랑으로 조금 늦출 수는 있습니다. 치매 증상을 빨리 알아차리는 게 중요하기 때문에 증상을 일곱 가지로 요약할 수 있습니다.

1) 별로 대단치 않은 일을 가끔 잊어버린다.
2) 중요한 것을 자주 잊어버리고, 자기가 메모한 사실도 잊어버린다.

3) 정신력이 약해져 혼자 다니지 못한다.

4) 가족 이름이나 얼굴을 기억하지 못하고 분간하지 못한다.

5) 병원에 입원하고도 자신이 어디 있는지 판단을 못한다.

6) 자리보전 상태로 돌아다닐 수 없다.

7) 임종만 기다린다.

치매에 걸렸을 경우 자연요법도 7가지로 요약할 수 있습니다.

1) 변비 숙변부터 치료한다.

2) 손발운동 계단보행

3) 인간관계 원만하게

4) 마음공부 죽음공부

5) 엄살 말고 포기 말고

6) 보건6대 법칙실천

7) 관광등산 긍정발상

가족이 이해하고 사랑으로 보살펴 주어야 하는데, 치매환자가 있다는 것만으로도 힘겨울 것입니다. 가족이나 간병인이 겪는 어려움은 어떤 난치병보다 힘듭니다. 사실 치매환자를 돌보라고 강요할 수도 없습니다. 심한 경우 치매환자를 돌보는 분이 먼저 지치고 병들 수도 있기 때문입니다. 하지만 모든 삶이 아름답고 소중한 것입니다. 치매에 걸린 부모를 모시면서 고통 속에 연꽃을 피울 수도 있고, 원망 속에 화병을 키울 수도 있습니다. 치매에 걸린 부모를 요양원에 모셔놓고 모른 척 지낼 수도 있고, 죄스러워하며 하루하루 죄인이 된 심정으로 살아갈 수도 있습니다. 그 모든 것은 자신이 선택할 문제입니다.

만일 치매환자를 모신다면, 치매환자가 무슨 말을 하든지 경청해야 합니다. 잘 듣고 잘 들을 가치가 있어서가 아닙니다. 그대로 들어주면 됩니다. 무슨 말씀이냐고 다그치지 말고 경청하고, 설사 이해가 가지 않더라도 이해하고 지지해 주십시오.

치매 노인을 그대로 봐주는 것이 70점, 간신히 합격은 합니다. 내가 여기서 치매에 대해 언급하는 것은 독자 여러분들을 100점짜리 만들기 위해서입니다. 며느리는 빵점자리, 70점짜리, 100점짜리 세 가지로 나눌 수 있습니다. 물론 요즘에는 시부모를 모시는 것만으로도 큰 점수를 주는 세상이지만 일단 빵점부터 시작합시다.

주방에서 식사를 하고나서 치매환자 시어머니가 먼저 나갔어요. 며느리가 설거지를 마치고 거실로 나가니까 치매 환자 시어머니가 억지를 부립니다.

"야, 배고파 죽겠다. 왜 나 밥 안 줘. 시에미 굶겨 죽이려는 거냐." 이러는 겁니다.

"방금 전에 드셔놓고, 무슨 말씀이세요? 세상에 못 살겠네, 원

통해서 못살겠네. 속상해서 못 살겠네." 하고는 흥분해서 남편한테 "더 이상 못살겠다. 나랑 갈라서든지 어머니를 치매센터에 보내든지 하라."고 큰 소리 치며 전화합니다.

이러면 가정 파탄 납니다. 가만히 지켜보니, 치매환자가 파탄 나는 게 아니라 며느리가 파탄 납니다. 치매 환자는 그렇게 며느리 화병 나게 해놓고도 20년, 30년을 끄떡없이 살고 있어요. 왜 그런가? 치매 환자는 정서적으로 아무렇지도 않기 때문입니다. 자기가 억울한 소리 해놓고도 금방 잊어먹고, 며느리가 뭐라 해도 그때뿐인 게 치매 환자입니다. 화병 나서 병드는 건 빵점짜리 며느리입니다.

70점짜리 며느리는 어떻게 할까요? "어머니, 밥 안 먹었다구요? 저런 얼마나 시장하실까." 이렇게 그대로 봐주면 본인이 병날 것이 없어요. 갓난아이와 싸우는 사람은 없듯이 치매 환자의 속성을 파악하여 갓난아이처럼 대하니 속상할 일도 없고 화날 일도 없는 겁니다. 그런데 요건 2% 부족합니다. 너와 내가 분별하고 대립된 마음이 있기 때문입니다.

그럼 100점짜리는 어떤가? 본마음 자리에서 평상심으로 대하는 겁니다. "야! 나 밥 안 먹었지?" "아이고 내가 또 깜박 잊어버렸네. 잠깐 계셔요. 내가 진지 상 차려 드릴게요." 하고 주방으로 들어갑니다. 시어머니 또 딴소리 하고 있는 겁니다. 그러면 그뿐입니다.

치매 환자 돌보기가 말처럼 쉽지는 않습니다. 하루 벌어 하루 사는 사람들도 있는데, 집안에 치매 환자가 있으면 아무 일도 못하는 게 현실입니다. 생존권을 위협받을 정도가 되겠지요. 이런 분들은 사회적으로 대책을 세워주어야 합니다. 하지만 여건이 된다면 직접 돌보는 게 좋습니다. 부모님의 은혜로 이 몸을 받고 살아갈 힘을 얻었는데, 부모가 나이 들어 치매가 되었다 해서 버릴 수는 없지 않습니까?

치매환자는 과거에서 삽니다. 그렇지만 치매는 인격의 무덤이 아닙니다. 육신은 무너질수록 영적 투시력은 밝아지는 것이니, 무시하거나 멸시하지 말고 있는 그대로 보십시오.

치매 환자를 돌보면서 어린 아이 기르면서 느끼듯 기쁨이 충만한 나날을 보낼 수도 있습니다. 다 생각하기 나름입니다. 이 세상에 어느 것 하나도 소중하지 않은 것이 없듯이 치매도 아름다운 삶의 일부분입니다. 아이에게 사랑이 가장 좋은 약이듯 치매 환자에게도 따뜻한 가족의 사랑이 최상의 처방약입니다.

건강장수의 최고비결,
수행하며 즐겁게 봉사하는 것

예나 지금이나 안 늙으려고 애씁니다. 아무리 애를 써도 죽으니까 제
왕들은 미이라를 만들어 지하궁전에 모셔라, 피라미드를 만들어라 하
면서 죽기 전부터 무덤 만들기에 골몰했습니다. 요새도 마찬가지입니
다. 수천 년 동안 인간의 소견이 별로 크게 변하지 않았습니다.

아무리 안 늙은 척 화장을 하고 변장을 해도 늙지 않는 법은 없습
니다. 하지만 덜 늙게 하는 노화지연법과 얼른 늙게 하는 노화촉진법
이 있습니다. 젊어서부터 자연건강법을 실천하는 사람은 20년은 더
젊게 살 수 있습니다. 먼저 노화지연법에 대해 일러드리지요.

첫째, 소식을 해야 합니다. 많이 먹으면 많이 늙게 되어 있습니
다. 그래서 내가 권장하는 것이 비싼 음식 먹지 말라는 것입니다. 비
싼 호텔 뷔페에 갔다고 칩시다. 본전이 생각나서 적게 먹을 수 없습니

다. 오늘날 문화라는 것이 많이 먹고 많이 뛰어다니는 것 아닙니까? 좋은 것 많이 먹고 운동 많이 하라고 하는데, 아이 전대에다 많이 넣고 많이 흔들면 어떻게 되겠습니까? 낡아서 떨어집니다. 별수 없습니다. 참선하는 스님네들 적게 먹고 운동하지 않고 그냥 앉아만 있어도 건강합니다.

둘째, 담배 피우지 말라. 담배의 유해성이야 다들 잘 알고 계시겠지요. 연구결과에 의하면 술·담배를 많이 한 사람이 노인성 치매에 걸릴 확률이 훨씬 높다고 합니다. 그 중독성이 마약보다 심해서 끊기 힘들다고 합니다. 제가 1965년도에 표충사에서 살았는데, 가만히 보니 공양주 보살이 담배를 피우는데 아주 감쪽같아요. 군불 땔 때 슬쩍슬쩍 한 대씩 피우는 겁니다. 그런데 어느 날 원주스님이 이 보살에게 담배를 한 갑 사다주었습니다. 그것도 당시에는 귀하디 귀한 양담배를 사다 준 것입니다.

이 보살이 담배를 보고는 "에구머니, 내 담배 피는 것을 스님이 어찌 아셨을까. 나 때문에 스님들 지옥 가시게 생겼구나." 하고는 담배를 들어서 미닫이문에도 딱 놓고는 그날로 담배를 끊는 겁니다. 참 독하대요. 보통 금연하겠다는 사람들은 이 담배만 다 태우고 끊겠다고 하는데, 이 보살은 그것을 태우지도 않고 버리지도 않고 늘 바라다보면서 담배를 끊은 것입니다. 그렇게 결심하는 사람은 못할 일이 없습니다. 그렇게 담배도 좋은 인연을 만나야 끊을 수 있습니다.

담배도 끊고 술도 끊어야 합니다. 중국에 가면 특히 만주 등 북쪽에 갔을 때 마을마다 돌에다 5계를 써놓은 것을 자주 봤습니다. 그래서 우리 불교의 5계인 줄 알고 유심히 보았지요. 불교의 5계는 아닌데 글이 참 좋더군요. 그래서 적어 왔지요. 1) 과로하지 말라. 2) 과음하지 말라. 3) 과식하지 말라. 4) 과색하지 말라. 5) 과태(過怠)하지 말라. 마지막, 지나치게 게으르지 말라는 말이 묘한 것입니다. 쉬어도 분수가 있지 너무 게을러도 병에 걸리는 겁니다. 참 잘 만들었어요. 중국인들이 현실적인 사람들이라는 것을 그 5계에서도 느꼈습니다.

셋째, 웃어라. 웃으면 자기 일신의 건강만 좋은 게 아닙니다. 대인관계가 훨씬 더 좋아지는 겁니다. "웃을 일이 있어야 웃지요. 허구헌날 걱정거리만 널려 있는데 어떻게 실없이 웃습니까?"라고 하는 분들이 있는데, 그래도 웃어야 합니다. 웃으면 웃을 일이 생기는 겁니다. 많이 웃으면 미소상이 됩니다. 인상이 좋아집니다. 하는 일마다 잘 될 수밖에 없습니다. 또 웃을 일이 있을 때는 더 부지런히 웃으세요. "아이고, 웃는 것도 힘들어요. 나이 들어서 힘 없으면 웃기도 힘들어요."라고 엄살을 떠는데, 웃으면 힘이 나옵니다. 용불용설(用不用說) 아시지요? 뭐든 써야 나오는 것입니다. 엄살 부리고 포기하면 그때부터 죽습니다.

넷째, 약에 의존하지 말라. 불사약도 없고 불로초도 없습니다. 약에 의존하다 보면 인체의 회복력, 회생력, 면역력이 자꾸 없어집니다. 어떤 약도 그렇습니다.

　다섯째, 마음에 맞는 친구가 꼭 있어야 합니다. 늙어서 친구가 없다는 것은 인생 잘 못 산 것이라 해도 과언이 아닙니다. 젊어서 잘 살아야 합니다. 늙어서 의지할 수 있는 친구를 만들어야 하는 것입니다. 어려서도 그렇지만, 늙어서는 친구가 있어야 외롭지 않습니다. 치매도 안 걸리고 병에 걸려도 회복이 빠릅니다.

　여섯째, 일과 취미를 가져야 합니다. 요즘 파고다 공원에 가보면 나이 많은 노인들보다 말쑥하게 차려입은 중년신사들이 많더군요. 그 사람들을 보면서 왜 거기서 놀까? 시골 가면 공기도 좋고, 할 일도 많은데 왜 쓸데없이 하루 종일 서성이면서 공기도 나쁜 시내 한가운데 공원에서 놀까 하는 생각이 들어 안타까웠습니다.

　이런 저런 재미있는 취미생활도 좋지만 늙어서 가장 보기 좋은 것이 수행생활입니다. 젊어서부터 습관이 붙어야 합니다. 동서고금을 통틀어 신행생활하며 즐겁게 봉사하는 것이 건강 장수의 최고비결입니다. 평소에는 수행하고 봉사하고 일주일에 한 번씩 산행하는 것이 참 좋습니다.

　나는 한 달에 한 번씩 문장대에 올라가고, 설악산 대청봉은 연중행사로 갑니다. 서울 사는 사람이면 일주일에 한 번씩 산에 갔다 와야 사람 구실하는 겁니다. 헬스, 골프장 등도 사실 필요 없습니다. 일주일에 한 번씩 산에 다녀오는 것만으로도 충분합니다. 인간은 늙었다고 생각한 만큼 늙는 것입니다. 달력 나이가 있고 건강 나이가 있는데 달력 나이는 아무것도 아닙니다. 미리 포기하지 마시고 가벼운 산행부터 하십시오.

나는 사람이 언제 어느 시각에 무엇 때문에 병이 나느냐에 대한 연구를 수십 년 동안 해왔습니다. 그런데 자세히 살펴보니 꼭 새벽에 병이 납니다. 저녁에 포식하고 나면 다음날 틀림없이 몸 상태가 좋지 않습니다. 그럼 왜 병이 나느냐? 운동 부족, 산소 부족, 생수 부족 때문입니다. 밤에 꼼짝없이 6시간 잘 자면 운동 부족 증상이 생기기 마련입니다. 또 문을 닫고 잤으니 산소가 부족해집니다.

또 새벽에는 인체에 물이 부족해집니다. 생수를 먹어서 독기를 씻어버려야 병이 안 생기는 것입니다. 병이 나도 부지런한 사람은 90%가 낫습니다. 아침 일찍 벌떡 일어나는 게 운동입니다. 밖에 나가 산소 공급 받고, 물 한 모금 먹고 독기를 배설해 버리면 금세 회복됩니다.

오늘부터 꼭 해보십시오. 게으른 사람은 90%가 거기서 병이 나버립니다. 해가 뜰 때까지 자니까 세 가지가 점점 깊어지잖아요. 운동이 더 안 되고 산소가 더 부족해지고 자꾸자꾸 생수가 안 들어가면 요독증이 찾아오는 겁니다. 늙어서 생활습관까지 좋지 않으면 어떠한 약으로도 치료할 수 없습니다.

병이 나면 꼭 낫는 사람과 안 낫는 사람

늙어서 특히 조심해야 할 병통이 여섯 가지 있습니다.

첫째 습관병입니다. 먹고 마시고 마음 쓰는 습관이 고약하면 습관병에 걸립니다.

둘째 성격병입니다. 고집불통, 사사건건 독불장군인 사람은 치매 후보자입니다.

셋째 환경병입니다. 공기오염이나 직장 내 스트레스도 병의 뿌리입니다.

넷째 문화병입니다. 피부가 건강해야 하는데, 자꾸 좋은 옷으로 두껍게 할수록 죽는 것입니다. 금가루, 영양가루를 아무리 발라도 안 바르는 것만 못합니다. 또한 문화생활 한다고 걷지도 않고, 음식도 거친 것은 전혀 안 먹고 가공한 것만 먹는 것이 문화병이라는 겁니다. 문화병이라는 것이 이를테면 과잉보호병입니다.

다섯째 의원병입니다. 의사가 한 마디 하면 병이 들어버리는 것입니다. 의사는 셉니다. 무당만 겁나는 게 아니라 의사의 말 한마디에 우리 생명이 좌지우지될 수 있습니다.

여섯째 약원병입니다. 노인네들 약 먹는 것을 보면 당뇨약에 혈압약에 가짓수 챙기기도 힘듭니다. 그런데 60년을 먹어도 낫지 않습니다. 그렇게 약을 먹으면 자꾸자꾸 사람의 회복력, 면역력이 다운되고 체질이 약해지는 겁니다.

결국 어떠한 병도 자신의 회복력, 면역력이 살아나서 치유되고, 자기의 능력으로 낫는 것이지 의사가 낫게 해주는 것은 아닙니다. 성격, 습관, 환경, 문화생활을 의사가 어떻게 고칠 수 있겠습니까? 병도 인재(人災)라는 것을 아셔야 합니다.

이 세상에 병이 나면 꼭 낫는 사람과 안 낫는 사람이 있답니다. 통계를 내어 보니, 안 낫는 사람은 세 가지 이유 때문인데, 첫째, '하루 이틀 앓은 것도 아니고, 내 병은 안 나을 거야.' 하며 딱 단정하는데 나을 리가 없지요. 둘째, '내 병은 안 낫는 게 좋아.' 하는 꾀병입니다. 시어머니가 보기 싫어서 며느리가 아프다고 안 일어나고, 며느리가 보기 싫어서 시어머니가 늦게까지 누워 있는 병이 그겁니다. 그런데 이 셋째가 묘한 겁니다. 이건 제 말이 아니고 유명한 의학박사가 한 말인데, 의사 말씀 100% 믿고 약 주는 대로 하나도 안 버리고 다 먹는 모범 환자는 병을 못 고친답니다.

다음, 병이 생겨도 꼭 낫는 사람이 있습니다.

첫째, 병 걱정 단념한 사람입니다. 의사가 못 고친다니까 딱 단념해 버리고 공기 맑고 물 맑은 곳으로 돌아가 자연치유법으로 나은 사람이 한 둘이 아닙니다.

둘째 병원을 잊어버린 사람입니다. 사람 노릇을 하며 사느라고 바쁘다 보니 병을 잊어버린 겁니다. 병도 병 만드는 데 에너지를 써서 병이 되는 겁니다. 할 일이 없으니 날마다 앉아가지고 "여기가 아프네 저기가 아프네." 하다보면 중병이 드는 것입니다. 병에 속지 말고 사람 노릇 하고 사십시오. 그러면 오던 병도 달아납니다.

셋째 남을 위해 봉사하는 사람입니다. 즐겁게 남을 위해 살다보니 병이 물러나는 겁니다.

이 세 사람은 병이 걸려도 꼭 나으니 반드시 실천하시기 바랍니다. 거듭 강조하건대, 병은 젊어서 잘 살면 걸리지 않습니다. 관리만 잘하면 그냥 늙어서 자연사할 수 있는 것입니다. 병도 자기가 잘못 해서 걸린 것입니다.

99세까지 팔팔하게 살다가는 법

티베트 속담에 "내일이 먼저 올 지 내생이 먼저 올지 누가 아느냐."라는 말이 있습니다. 평소 죽음에 대한 준비를 하라는 말이지요. 그런데 팔십 구십 되어도 철이 안 납니다. 가족이 다 죽어가도 자기는 아닌 줄로 여기는 것이 인간이에요. 자기 발등에 딱 떨어져서야 철이 나는 겁니다.

늙어서 암에 걸린 사람이 의사에게 매달립니다. 의사가 "팔십 구십 넘어 살 만큼 사셨는데 왜 이러십니까?" 하면, "내가 충실히 못 살았네. 사랑하는 사람한테 충실히 못했네. 몇 달 더 살게 해 주어."라고 애걸합니다.

그 때는 이미 늦었습니다. 어떻게 사는 것이 충실히 사는 것이냐, 항상 오늘뿐입니다. 날마다 충실해야 됩니다. 그런데 사람들은 칠십, 팔십, 구십까지 미루다가 막바지에 매달립니다. 빈 주머니 차고 가는 것도 모릅니다. 노후문제가 인생 문제지 노후 문제만은 아닙니다. 인생을 어떻게 준비해야 되느냐? 신문 지상에서 떠드는 것처럼 '돈을 모아라, 건강해라' 다 쓸데없는 소리입니다. 제 욕심만 차린 사람치고 한을 머금고 갑디다. 베풀면서 살아야 합니다. 결코 남을 의심하지 말고 원만하게 덕을 쌓으면서 사세요. 덕은 외롭지 않습니다.

내가 가만히 보니 수십 년 전보다는 돈이 많아요. 어디에 쓸까 궁리할 정도로 돈이 많아졌습니다. 싹수 있는 데가 있으면 쓸 텐데 싹수 있는 데가 없는 거예요. 농사를 짓는 사람은 거름을 줄 때 싹수 있는 데다 주지 아무 데나 주지 않습니다. 싹수 있는 사람이 보이면 꼭 싹을 잘 기르십시오. 어쨌든 그 때 그 때 현실을 충실히 살면 됩니다. 그러면 내일 죽어도 좋고 모레 죽어도 한이 없지 않겠습니까.

99세까지 팔팔하게 살다가 사나흘 앓다가 몸을 바꾸기 위해서 어떻게 충실히 사느냐? 젊어서부터 몸과 마음의 건강을 잘 지키면서 보현보살 열 가지 행원 등 행복해지는 습관을 실천하면 됩니다. 죽을 때까지 자기를 따라다니는 것은 자기가 평생 동안 지은 업입니다. 운동을 하는 것도 업이요, 수행을 하는 것도 업이요, 마음을 쓰는 것도 업입니다. 그 업이 자신의 세포 속에 흐르고 있습니다.

최상의 노후준비는 마음공부입니다. 육체건강이 생활습관에서 온다면 마음건강은 평소 어떻게 마음공부를 하고 마음을 쓰느냐에 달려 있습니다. 마음공부를 하는 이들에게는 외로움도 찾아오지 않습니다. 항상 편안하고 날마다 좋은 날일 뿐입니다. 이왕이면 여러분 모두 마음공부하면서 아름다운 노년을 일구어갔으면 하는 게 이 노비구의 바람입니다.

죽음은 새로운 시작

잘 살아야 잘 죽는다

가을날 곱게 물든 단풍이 어느새 빈 가지가 되어 죽은 것처럼 보입니다. 하지만 봄이 되면 새싹이 파릇파릇 새롭게 돋아납니다. 저 겨울나무처럼 죽음은 삶의 마지막이 아닙니다. 그런데 사람들은 울고불고 야단이 납니다. 죽기 전에 당사자 역시 두려움에 떨었을 것입니다. 죽음이 마지막이라고 생각하면 당연히 슬프고 괴롭겠지요.

죽음에 대한 두려움, 사고(死苦)는 중생의 무명(無明)에서 오는 것입니다. 부처님께서도 생사가 두려워서 왕위를 버리고 출가하시어 우주, 인생의 실상을 깨달았습니다. 실상을 깨달으면 죽음도 없고 삶도 없는 것입니다. 본래 생사가 없는 이 소식을 알리기 위해 49년 동안 헌신하셨습니다.

생사에 얽매여 괴로워하고 슬퍼하는 중생들에게 삶도 번민하지 않고 죽음도 번민하지 않는 길을 열어 보이셨습니다. 생사에 휘둘리지 않고 평상심으로 살아가는 것이야말로 궁극적인 행복, 열반을 성취한 것입니다.

부처님과 조사스님들은 죽음을 헌옷을 벗고 새 옷으로 갈아입는 일과 같다고 했습니다. 이번 세상의 인연을 일시적으로 마감하고 다음의 삶으로 새롭게 출발하는 과정이라는 것입니다. 이렇게 보았을 때 죽음은 두렵고 무서운 것이 아니라 더 나은 세상에 태어나 더 좋은 몸을 받을 수 있는 기회이니 즐겁고 희망적입니다.

죽음이란 무엇인가?

졸업하는 것, 이사가는 것, 옥에서 해방되는 것.
옷 갈아 입고 차 갈아 타고 여행을 간다.
환경 바꾸기, 번데기와 나비, 천도의 기회, 법신의 부활.
죽는 것을 보면 어떻게 살았는지 알 수 있다. 잘 살아온 사람이 잘 죽어가고,
잘 죽어야 잘 태어난다. 임종 때 세 가지 엄금한 것 지키고, 정성을 보이라.
안심입명해 좋은 몸 받아 날 것이다.

죽으면 그만인가

"어차피 죽으면 그만인데 골치 아프게 살 필요 있나? 그럭저럭 한 세
상 살다 가는 거지…"
라는 말을 듣고 깜짝 놀란 적이 있습니다. '불자의 입에서 저런 말이
나오다니, 여태까지 내가 잘못 가르쳤구나' 하는 생각에 부끄러워졌
습니다.

"죽음을 관찰하는 일, 불자의 스승이니 인생을 값지게 살게 하네
(중략). 젊은이가 자신의 주변을 서성거리는 죽음을 본다면 진리에 대
한 좋은 교훈을 배우리. 인생은 짧고 머지않아 망각 속으로 사라지는
것이라고. 그래서 수행에 더욱 매진하네."라는 밀라레빠의 말씀처럼
죽음에 대해 어떻게 생각하느냐에 따라서 이생의 삶의 모습이 그려집
니다.

불현듯 눈망울이 유난히 초롱초롱했던 여자아이(당시 초등학교 5학년)가 생각납니다. 아주 어릴 때부터 어머니 따라 절에 다녔던 그 아이가 "스님, 사람은 죽으면 어떻게 되나요?"라고 묻더군요. 아이들에게 부처님 법을 말해주는 것이 제일 어렵습니다. 일방적으로 얘기하는 것보다는 대화로 풀어나가는 것이 좋습니다. 경험에 의하면, 아이들은 질문에 대한 답을 나름대로 미리 생각하는 경우가 많습니다.

"너는 어떻게 생각하는데?"라고 되묻자, "또 이 세상에 태어날 것 같아요. 부처님 일대기를 읽었는데, 부처님께서는 하늘나라의 호명보살로 계시다가 인도의 카필라 성 왕자로 태어나셨다면서요? 어제가 있으니까 오늘도 있고, 내일도 있는 것처럼 틀림없이 죽은 뒤에도 또 다른 세상이 있을 거라고 생각해요."라는 아이의 말을 들으며 입가에 미소가 흘렀습니다.

"옳다. 네 말이 맞다. 책을 잘 읽은 덕분에 이 세상에 다시 태어날 것 같다는 생각까지 했구나. 수행을 열심히 해서 진리를 깨달으면 '그럴 것 같다'는 추측이 아니라 '정말 그렇다'는 것을 알 수 있단다."라고 대답해 주자, "더 열심히 절에 다니겠습니다."라는 아이의 기특한 말을 들으며 무엇이든 어릴 적부터 접해야 한다는 것을 절실히 깨달았습니다. 어릴 때 올곧은 가치관이 자리 잡게 되면 인생을 풍요롭게 잘 삽니다. 죽음에 대해 생각조차 하지 않고 그럭저럭 사는 사람과 진지하게 성찰한 이의 삶은 질적으로 다를 것입니다.

죽으면 그만인가? 아닙니다. 요즘 살기 힘들다고 자살하는 사람들도 있는데, 그것처럼 어리석은 일이 없습니다. 산 넘어 산이 아니라 태산이 기다리고 있다는 것을 알아야 합니다.

죽음에 대한 바른 가치관을 세우면 오늘날 환경문제를 비롯해서 갖가지 사회문제를 해결할 실마리가 보일 것입니다. 죽으면 그만이라고 생각하기 때문에 세상 사람들은 현세만을 위해 탕진합니다. 욕망의 화신이 되어 욕구 충족을 위하여 마구 써버립니다. 그래서 우리 삶 전체를 위협하는 환경 파괴가 갈수록 심화되고 있는 것입니다.

막가는 인생, 죽을 놈이 무엇을 못하겠습니까? 죽으면 그만이라고 생각하는 사람이 무슨 잘못인들 못 저지르겠습니까? 절대로 죽음은 끝이 아니고 새로운 시작이라는 진리를 일깨워야 세상의 질서가 바로잡혀질 것입니다.

죽음은 패배가 아닌 승리

죽음에 대해 두렵지 않은 사람은 거의 없을 것입니다. 날이면 날마다 "늙으면 죽어야지, 이 세상에 미련 없어."라고 말하던 사람도 몇날 며칠에 죽는다고 선고를 받으면 며칠만이라도 더 살고 싶다고 애걸합니다. 죽음 이후의 세계가 두려운 것이지요.

본인뿐만 아니라 가족들도 마찬가지입니다. 경전에는 외아들을 잃고 미친 여인의 이야기가 나옵니다. 자식이 죽으면 가슴에 묻는다고 합니다. 세상에 하나밖에 없는 외아들, 사랑스러운 외아들이 죽었으니 그 엄마의 아픔이 얼마나 클지 짐작이 갑니다. 오죽하면 정신을 놓았겠습니까? 동네방네 헤매면서 내 아들을 살려달라고 울부짖는 여인의 아픔을 어떻게 하면 진정시킬 수 있겠습니까?

부처님께서는 여인에게 "가족 중에 단 한 사람이라도 죽지 않는 집에서 겨자씨를 얻어오면 아들을 살려주겠다."고 말씀하십니다. 여인은 부지런히 온 동네를 다녔습니다. 그러나 사람이 죽지 않은 집이 단 한 집도 없었습니다. "우리 할아버지가 돌아가셨어요." "우리 딸이 죽었는데요." "우리 남편이 죽었어요."라는 동네사람들의 말을 들으면서 여인은 모든 사람들이 죽는다는 사실을 깨달았습니다. 자식의 죽음에 대해 집착을 없애자 정신이 돌아왔습니다.

그렇습니다. 집착을 버리면 죽음이 두렵지 않습니다. 죽음이 고통의 뿌리인 것은 집착 때문입니다. 죽음뿐만 아니라 나고 늙고 병드는 고통 역시 집착을 버리면 고통으로 작용하지 않습니다. 그래서 늘 놓아라, 집착을 버리라고 한 것입니다.

우리가 죽음에 대해 관심을 갖는 것은 현재 이생에 잘 살기 위함입니다. 잘 살아야 잘 죽을 수 있습니다. 지금 나의 삶은 어떠한지 자신에게 물어보십시오. 어떻습니까? 본인 생각에 한 점 부끄러움 없이 잘 살아왔다면 죽음이 두렵지 않을 것입니다. 오히려 죽음이 하급학교를 졸업하고 상급학교에 진학할 수 있는 아주 좋은 계기가 될 수도 있습니다. 작고 허름한 집에서 넓고 큰 집으로 이사하는 일일 수도 있습니다. 그런데 공부하지 않고 상급학교에 진학하겠다거나, 돈도 안 벌면서 좋은 집으로 이사 가겠다고 한다면 도둑놈 심보입니다. 이생에 대충 살아놓고 내생에 좋은 데 태어날 것을 꿈꾸는 것 또한 마찬가지 이치입니다.

그럼 어떻게 할 것인가? 『아미타경』에 의하면, 죽을 때 아미타불을 간절하게 열 번만 불러도 서방정토 극락세계에 태어난다고 했습니다. 이 말씀에 의심을 품는 사람들도 있겠지만 사실입니다. 사경을 헤맬 때 대부분의 사람들은 정신을 놓습니다. 죽을 때 정신을 놓지 않고 일념으로 아미타불을 부를 정도라면 평소 얼마나 열심히 염불 수행했겠습니까?

죽으면 어떻게 될 것인가? 궁금하십니까? 지금 나의 삶이 어떠한지 살펴보십시오. 누구든지 살아왔던 방식대로 죽기 마련입니다. 죽음을 준비하지 않는 사람은 삶을 낭비하고 있는 것입니다. 평소 죽음을 준비하고 수행한 사람에게 죽음은 패배가 아닌 승리요, 삶의 영광스러운 성취의 순간이라 할 수 있습니다.

아름다운 죽음을 준비하라

죽음이 뭐냐? 이 사바세계에 입학했다가 졸업하는 것이 바로 죽음입니다. 죽음은 졸업하는 것이요, 이사 가는 것이요, 옷을 갈아입고 여행 가는 것입니다. 그런데 80이 되어서도 철이 안 나는 사람이 있어요. 사람이 철이 안 난다는 것은 졸업준비를 안 한다는 말입니다. 여러분이 세상에 태어난 것은 보살공부, 마음공부를 배우려고 사바세계에 입학을 한 겁니다. 그런데 성적이 좋아야 졸업할 수 있습니다. 성적이 나쁘면 재수해야 합니다. 이 책을 읽고 계신 분들 모두 우수한 성적으로 졸업을 하셔야 됩니다.

젊어서부터 죽음을 준비해야 하는데, 어떻게 준비해야 할까요? 내생에 가져갈 수 있는 것은 무엇일까요? 더없이 지고한 명예도, 평생 쌓은 재물도, 먹이고 입히고 단장한 이 몸뚱이도 가져갈 수 없습니

다. 오로지 이생에 닦은 마음공부의 힘과 평생 지은 선행(善行), 복덕
만 가져갈 수 있습니다. 우리가 무엇을 해야 할지, 어떻게 살아야 할
지 분명하게 알 수 있지 않습니까?

더 이상 자기 몫의 짐을 운반할 수 없고 자신을 돌볼 수 없을 때,
남의 에너지에 의지해야만 살 수 있는, 살 날이 얼마 남지 않은 사람일
수록 더욱 부지런히 수행하면서 철저하게 죽음을 준비해야 합니다.

죽음이 우리 의식을 성장하는 마지막 기회라는 생각을 가지고 유
언장(내 이 세상 올 때는 정신없이 왔다만 갈 때는 분명하다. 아미타불 극락세계 나
의 고향, 이 세상 충실히 살다가 즐겁게 가노라. 우리 모두 부처님 회상에서 다시 만
나자.)을 작성해 놓고 수행하는 것도 좋을 것입니다.

자손들에게 자물쇠, 통장, 집문서, 논밭문서가 있거든 다 정리해
서 넘겨주십시오. 절대 노욕을 부려서는 안 됩니다. 사전의료 지시서
와 존엄사 선언서를 미리 작성하는 것도 좋습니다.

마지막에 갈 때 어떻게 가야 하는가?

미국 사람 '스코트 니어링(환경운동가, 작가)'처럼 가야 합니다. 그
는 반전 운동을 하다가 교수직이 파면 당하자, "옳다. 참 잘됐다. 시
골로 들어가 농사를 짓자."며 시골로 내려갔습니다. 부인이 말을 안
들으면 못 갔을 텐데 그 부인(헬렌 니어링)도 대단한 사람입니다. 1883
년 출생해서 1993년까지 꼭 100년을 살았던 사람인데, 그는 평소 "나
는 죽음이 진행되는 과정을 하나하나 느끼고 싶다. 어떠한 진통제 마

취재도 필요 없다. 나는 최선을 다해 삶을 살아왔으므로 기쁘게 또 희망찬 마음으로 죽음을 맞이하고자 한다. 죽음은 다른 세계로 옮겨가는 것, 혹은 깨어남이다."라고 하였습니다. 마지막 가는 날에 "나는 평생 충실히 살았다. 즐겁게 가노라."고 했습니다. 이 정도가 되면 죽음 준비를 잘 하고 잘 간 것입니다. 우리나라 변산반도에서 농사짓고 사는 윤구병 교수가 바로 스콧 니어링 같은 분입니다. 그 양반도 그렇게 거룩하게 갈 겁니다.

사바세계 졸업논문을 어떻게 쓸 것인가?

사바세계에서 졸업 논문을 뭐라고 쓰고 잘 죽을 것이냐? 유언장이 졸업 논문입니다. 잠깐, 부처님의 열반 회상을 생각해 보는 것도 좋습니다. 제자들이 부처님께서 대열반에 드신다고 하자, 울고불고 야단을 떠는 제자도 있고, 심지어 기절하여 정신을 잃은 제자도 있었습니다. 제자들은 부처님께 '더 있다 가시라'고 청합니다. 그 때 부처님께서 어떻게 하셨습니까? "내가 그 동안 제행이 무상하다고 하지 않았느냐? 49년이나 공부를 시켰는데 아직도 모르겠느냐? 여래를 보려면 법을 봐라."고 하셨습니다.

　예수님은 "주여, 주여, 나를 버리시나이까?" 하고 갔다는데, 너무 젊어서 가니까 좀 한이 있는 것 같아요.

소크라테스가 독배를 받으니 제자들이 아우성이었습니다. 슬퍼서 우는 제자들에게 "울지 말아라. 나는 죽음을 관찰하기 위해 평생 이 날을 기다려 왔다. 나를 방해하지 말라."라고 했습니다.

몇 년 전 부산에 대성화 보살님이라고 염불 잘하는 이가 돌아가셨습니다. 사리가 3과가 나와 신문에도 기사가 난 분입니다. 그 보살님이 돌아가면서 하시는 말씀이, "그렇게 울면 애착이 생기니 울지 마라. 나 죽으면 화장이나 해라."고 했답니다.

그런 분의 정황을 볼 때 마지막 졸업 논문은 어떻게 써야 할까? 그 모범답안을 잘 기억하고, 유언장을 한번 써보십시오.

존엄사 선언서

저는 제가 병에 걸려 치료가 불가능하고 죽음이 임박할 경우를 대비하여 저의 권속 친지 그리고 저의 의료를 맡고 있는 분들에게 다음과 같은 제 희망을 밝혀두고자 합니다. 이 선언서는 제 정신이 아직 온전한 상태에 있을 때 적어놓은 것입니다. 따라서 제 정신이 온전할 때에는 이 선언서를 파기할 수도 있겠지만 철회하겠다는 문서를 재차 작성하지 않는 한 유효합니다.

1. 저의 병이 현대의학으로 치료할 수 없고 곧 죽음이 임박하리라는 진단을 받은 경우 죽는 시간을 뒤로 미루기 위한 연명 조치는 일체 거부합니다.
2. 다만 통증이 심한 경우 저의 고통을 완화하기 위한 조치는 최대한 취해 주시기 바랍니다. 이로 인해 예를 들어 마약 등의 부작용으로 죽음을 재촉한다 해도 상관없습니다.

3. 제가 몇 개월 이상 이른바 식물인간 상태에 빠졌을 때는 생명을 인위적
   으로 유지하기 위한 연명 조치를 중단해 주시기 바랍니다.

이와 같은 저의 선언서를 통해 제가 바라는 사항을 충실하게 실행해 주신
분들에게 깊은 감사를 드립니다. 아울러 저의 요청에 따라 진행된 모든 행
위의 책임은 저 자신에게 있음을 분명히 밝히고자 합니다.

_년 _월 _일 본인성명 가족성명 공증인 성명

사전의료 지시서

제가 스스로 의사 표시를 할 수 없을 경우를 대비해서 담당의사와 가족들
에게 다음과 같은 사전의료지시서를 문서로 작성합니다. 저의 소망대로 실
행해 주시기 바랍니다.

1. 의식이 없어지더라도 기도삽관이나 기관지 절개술 및 인공기계 호흡치
   료법은 시행하지 말 것.
2. 항암치료가 필요하다는 의료진의 판단이 들더라도 항암치료는 시행하
   지 말 것(항암치료를 불신해서가 아니라 연령과 체력의 한계 때문임)
3. 그 외 인공영양법, 혈액투석, 더 침습적인 치료술도 시행하지 말 것.
4. 탈수와 혈압 유지를 위한 수액요법과 통증관리 및 생리기능 유지를 위
   한 완화의료는 치료받기 바라며, 임종시 혈압상승제나 심폐소생술은 시
   행하지 말 것.
5. 그 외에 여기 기술되지 않은 의료 내용은 대한의학회에서 공표하고 있
   는 최근의 임종환자 연명치료 중단에 관한 의료 지침에 따라 경정하기
   를 바랍니다.

사전의료지시서를 통해 제가 바라는 사항을 충실하게 실행해 주신 분들에
게 깊은 감사를 드립니다. 아울러 저의 요청에 따라 진행된 모든 행위의 책
임은 저 자신에게 있음을 분명히 밝히고자 합니다.

_년 _월 _일 본인성명 가족성명 공증인 성명

마지막 한 생각이 청정하도록 도우라

서울 종로 한복판 파고다 공원에 가면 원각사라는 절이 있습니다. 이 원각사에 보리 스님이 주석하고 있는데, 그분이 아주 훌륭한 분입니다. 예전에 룸비니여행사를 경영하기도 했었는데, 인도에 갔다가 발심을 해서 출가를 했습니다. 보리 스님이 잘 알던 젊은 사람이 느닷없이 몹쓸 병에 걸려서 응급실에 있다는 연락을 받았습니다. 보리 스님이 부랴부랴 병원을 찾았는데, 면회가 안 되는 겁니다. 우리나라 의료제도, 장례문화도 고쳐야 할 게 많습니다. 환자가 마지막 갈 때는 사랑하는 가족과 아름다운 이별을 해야 하는데, 혼자 쓸쓸히 가게 놔두니 이게 아주 안 좋은 겁니다.

환자가 응급실에서 소리 지르는 것을 보고, 보리 스님이 안 되겠다 싶어 응급실이고 뭐고 간호사를 밀치고는 뛰어 들어갔답니다. 환자가 찢어지게 아파 죽겠다, 죽기 싫다고 아우성입니다. 보리 스님이 환자를 뒤에서 끌어안고, "내 말 잘 듣게. 천상에서 잘못을 저지르고 내려온 사람은 벌이 적은 사람이 먼저 가는 것이네. 오래 산다고 좋은 것이 아니네. 아미타 부처님을 염하게. 부디 아미타 부처님 회상에 태어나 성불하게."라고 해주었답니다. 그러자 그 야단을 치던 환자가 빙긋이 웃는 모습으로 편안하게 갔다고 합니다.

이렇듯 임종이 가까운 이 앞에서는 여행 가는 사람이 편안히 다

녀올 수 있도록, 또는 고향 떠난 사람이 고향으로 돌아가듯이 정성을 보여야 합니다. 슬퍼하고 통곡한다고 해서 될 일이 아닙니다. 임종할 때 최후의 한 생각이 매우 중요한 갈림길입니다. 죽는 순간 나무아미타불을 열 번만 해도 극락왕생한다는 『아미타경』의 말씀은 진리입니다. 마지막 한 생각이 청정일념이 될 수 있도록 극락왕생 발원을 하며 확신시켜 드려야 합니다. 그러면 임종하면서도 안심 입명하여 좋은 세상에 날 수 있는 것입니다.

임종이 가까워 왔을 때 어떻게 할 것인가?

먼저 조용히 실내를 정리하고, 창문을 열어 공기가 잘 통하게 하는 등 몸을 잘 벗을 수 있도록 쾌적한 환경을 조성해 주어야 합니다. 이식(耳識)이 끝까지 남아 있으므로 들어서 부정적인 언동은 삼가야 합니다. 혹시라도 미진한 것이 있으면 다 물어서 정리해야 합니다. 유언으로 받을 것은 유언으로 하고, 못하고 가게 되어 안타깝게 여기는 것이 있다면 남아있는 사람이 "제가 대신 하겠습니다."라고 확실히 약속을 해 주어서 편안히 갈 수 있도록 해 줍니다.

또한 평소 유감이 있었던 사람이 있다면 그 사람을 데려다가 다 풀어 주는 것이 좋습니다. 만일 그 사람이 임종 장소에 오지 못하면 허공법계를 바라보며 기도를 하는 것입니다. 요새 혼자 중얼중얼 '미친 영어'를 한다는 것처럼 '미친 기도'를 하면 됩니다. 내생까지 그 사람에 대한 유감을 품고 가면 피차간에 좋지 않기 때문입니다.

이렇게 가는 이나 배웅을 하는 이나 평상심으로 대해야 합니다. 절대로 울고불고 흔들지 마십시오. 슬퍼하고 애통해 하면 영가에게 이롭지 않습니다. 죽음에 직면했을 때 '자신이 누구이고 어떻게 살아 왔는가' 진정한 모습이 드러납니다. 망인이 말은 못하지만 의식은 더 밝으므로 '두렵지 않게', '괴롭지 않게', '외롭지 않게' 마지막 작별인사를 정중하게 해드리고, 아미타불 염불을 지극정성 해 줌으로써 안심입명할 수 있도록 도우십시오.

"1) 아! 고귀하게 태어난 자여, 그대의 마음이 흩어지지 않도록 의식을 집중하라. 죽음이라 불리는 것이 이제 그대에게 다가왔다. 그러니 이와 같이 결심하라. 아, 지금은 죽음의 때로구나. 나는 죽음을 이용하여 허공처럼 많은 생명 가진 모든 것들에게 사랑과 자비의 마음을 가지리라. 그리고 완전한 깨달음을 얻기 위해 노력하리라. 비록 내가 깨달음을 얻지 못하더라도 사후세계만은 정확하게 지각하리라. 사후세계에는 존재의 근원과 하나가 되리라.

2) 아! 고귀하게 태어난 자여, 이제 죽음이라 불리는 것이 그대에게 찾아왔다. 그대는 이 세상으로부터 벗어나고 있다. 하지만 그대만 유일하게 이 세상으로부터 떠나는 것이 아니다. 죽음은 누구에게나 찾아온다. 이 세상에 애착을 갖거나 집착하지 말라. 그대의 마음이 약해지기 때문이다. 이 세상에 대해 집착할지라도 그대는 이제 여기

에 머물 힘이 없다. 그대가 이 세상에 대한 집착을 버리지 않는다면 그대는 윤회의 수레바퀴에서 헤어 나올 수 없고 아무 것도 얻을 게 없다. 그러니 마음을 약하게 먹지 말라. 다만 부처님을 기억하라.

3) 아, 고귀하게 태어난 자여, 그대의 마음과 육체가 분리되어 있는 이때, 당황하거나 두려워하거나 무서워하지 말라. 아, 고귀하게 태어난 자여, 지난 사흘 동안 그대는 기절 상태에 있었다. 기절 상태에서 깨어나자마자 그대는 나에게 무슨 일이 생겼을까, 생각할 것이다. 그대는 지금 사후세계에 있다. 지금 그대의 눈에 보이는 모습들은 모두 빛의 몸을 하고 있고 천신들의 형상을 하고 있을 것이다."

- 임종한 분에게 들려주는 『티베트 사자의 서』 중에서

임종한 분의 귀에 대고 분명하고 정확하게 위와 같은 내용을 반복해서 말해 주면 아주 좋습니다. 임종할 때 대부분의 사람들은 통증이 크다고 합니다. 수행을 많이 하면 고통 없이 편하게 갈 수 있습니다. 최후 인사는 다음과 같이 합니다.

1) 아미타불 탱화를 모시고 지극정성으로 나무 아미타불 정근을 합니다.

2) "이곳에 아미타 부처님께서 강림해 계십니다. 이 세상 못 다 한 일들은 접어두시고 부처님 나라에 가십시오. 우리 모두 부처님 나

라에서 만나요."라고 임종인사를 정성껏 올립니다.

3) 아미타 부처님께 귀의하옵고 발원합니다. ㅇㅇㅇ불자를 맞아주
옵소서. 지극한 마음으로 발원합니다. ㅇㅇㅇ불자여, 가시는 길에
혹시 무슨 빛이 보이거나 무슨 형체가 보이더라도 놀라지 마시고
겁내지 마십시오. 그것은 다 허상입니다. 오직 일편단심 부처님만
생각하면 됩니다. 가시는 길 도와드리겠습니다. 나무 아미타불.

4) 거룩하게 왔다가 거룩하게 가는 ㅇㅇㅇ불자여, 그대는 지금 찬
란한 부처님 광명 속에 하나 되었습니다. 옴 아미 데와 슈릿….

5) 운명 후 8시간 동안 이불을 덮고 3귀의, 5계, 무상계, 장엄염불
등 살아있는 사람처럼 똑같이 지극정성 마지막 전송인사를 극진히
합니다. 8시간이 지나서 염해드리십시오. 자칫하면 큰 죄를 저지를
수도 있습니다.

6) 임종인사:

생사의 길이 그칠 날이 없는데 얼마나 그 길 오고 갔던가?

스스로 그 길 그르치지 않으면 가는 곳이 곧 열반이라.

어떤 것이 그 길 그르치지 않는 것입니까?

마음을 알고 성품을 아는 것이다.

어떤 것이 마음을 알고 성품을 아는 것입니까?

보는가? 듣는가? 아는가?

정신 차려 자기를 향해 찾을지언정 법사의 말소리를 분별치 말라.

마음이 정토요, 자성이 미타라.

마음 청정이 불국토 청정이요,

성품이 나타남이 불신(佛身)이 나타남이다.

그리고 또 명심해야 할 것이 임종한 분 앞에서 불경한 행동을 하면 안 됩니다. 가족들이 화목하게 지내고 망인에 대해 좋은 말을 해주어야 합니다. 망인은 영적 투시력이 밝기 때문에 자신에 대해 서운함을 갖고 원망하는 마음을 가지면 좋은 곳에 태어나는 데 지장을 받기 때문입니다. 요즘 재산 때문에 장례식장에서 형제간에 다투는 경우가 많다는데 참으로 어리석은 일입니다. 그 업보를 어떻게 감당하려고 그

운명 회상에서 할 일

1. 쾌적한 실내 환경, 파리도 날지 않게 한다.
2. 부정적이거나 예답지 못한 언동은 삼간다.
3. 울고불고 흔들지 말고 지극정성 평상심으로 대하라.
4. 아미타불 탱화 모시고 분향, 염불할 것.
5. 가는 이는 말 못하나 의식은 더 밝으므로 '두렵지 않게', '괴롭지 않게',
   '외롭지 않게' 마지막 작별인사를 정직하게, 정중하게 한다.
6. 최후 일념이 안심 입명할 수 있게 도와라.
7. 운명 후 반드시 8시간 지나서 염해야 한다.

토록 어리석은 짓을 하는지 모르겠습니다.

거듭 말씀드리지만 마지막 가는 순간이 중요합니다. 행복하게 편안하게 임종해야 선도(善道)에 태어난다는 것을 명심하시기 바랍니다.

이밖에 따로 설할 비밀은 없다

불경을 일컬어 팔만사천대장경이라고 합니다. 그 방대함에 놀랍니다. 기가 질리는 게 사실입니다. 일반인들은 물론이고 스님들도 팔만사천대장경을 다 읽은 이가 드뭅니다. 어느 세월에 그 많은 것을 다 읽고 실천하겠습니까. 부처님의 가르침을 아는 대로 아는 만큼 실천하는 게 더욱 중요합니다. 여러분들의 편의를 위해 부처님께서 남기신 가장 긴요한 가르침을 간단하게 정리해 보았습니다.

내가 간 후에는 나의 가르침이 그대들의 스승.

나는 몸소 진리를 깨닫고 그대들을 위해 설했다.

자기 자신을 등불로 삼고 자기를 의지처로 하라.

이 법을 등불로 삼고 다른 것에 의지하지 말라.

내가 설한 법을 지켜 항상 듣고 생각하고 배워라.

나의 가르침의 요점은 마음을 닦는 데 있다.

마음은 사람을 부처도 만들고 지옥도 만든다.

길을 잘못 들어 지옥, 길을 깨달아 부처도 된다.

고로 마음을 바로잡아 도에서 벗어나지 않게 하라.

번뇌는 항상 그대들 마음의 틈을 노리고 있다.

쓸데없는 일에 시간과 재물을 허비하지 말고

이 가르침 아래 화합하고 공경하며 다투지 말라.

부처는 깨달음, 영원히 법과 도 속에서 살고 있다.

나의 육신을 보는 자가 나를 보는 것이 아니요,

나의 가르침을 아는 자만이 나를 보는 것이다.

이 진리를 지켜 진리대로 행동하여야 한다.

나는 인생 후반 45년 동안 남김없이 설하였다.

이밖에 따로 설할 비밀은 없다.

나는 열반에 든다.　　　　　　　　　　　- 부처님의 유교(遺敎)

이제 진정으로 우리의 삶에서 행복해지는 습관을 터득하셨습니까? 인간의 근본적인 네 가지 고통인 생로병사는 단순한 괴로움이 아닙니다. 진정으로 행복해지는 습관을 익히는 드넓은 마당입니다.

생(生): 우리는 어떻게 살 것인가? 모든 사람을 부처님으로 섬기겠습니다. 모든 일을 불사(佛事)로 알고 정성으로 하겠습니다. 이웃을 배려하고 봉사하겠습니다. 모든 생명을 존중하고 보호하겠습니다. 환경을 정화하고 장엄하겠습니다.

노(老): 어떻게 늙을 것인가? 곱게 늙겠습니다. 평화롭게 늙겠습니다. 늙어서 대접받고 공경 받을 수 있도록 노력하겠습니다.

병(病): 본래 청정, 본래 병은 없습니다. 건강하다 생각하고 상상하고 확신하고 이웃을 위하여 세상을 위하여 헌신하겠습니다. 발심한 불자는 나날이 즐거워 건강합니다.

사(死): 어떻게 돌아갈 것인가? 본 고향에! 이 세상 올 때는 돌고 돌아 정신이 없이 왔습니다. 갈 때는 분명합니다. 극락왕생. 아미타 부처님 친견하고 수기 받아 성불합니다.

행복해지는 습관, 그 비결 중에 거듭 강조하고 싶은 게 있습니다. 돈도 없고 힘도 없고, 아무 것도 할 수 없는 상황일지라도 온 천지의 은혜에 감사하고, 남의 행복을 위해 비는 일은 할 수 있겠지요. 늘 감사하고, 남의 행복을 빌어주십시오. 운명이 바뀝니다. 행복해집니다. 그대로 행복합니다.

스님과의 인연은 『친구여, 붓다가 되자』라는 책을 펴낸 김호철 경정 덕분이었습니다(당시 경위). "어머니는 육신을 낳아주시고 스님은 법신을 낳아주신 고마우신 분입니다."라는 젊은 경찰관의 말이 그토록 가슴을 울린 것은 저도 같은 입장이었기 때문이었습니다.

저는 가끔 '만일 내가 부처님을 만나지 않았더라면 어떻게 되었을까?' 아찔할 때가 있습니다. 그 땐 왜 그리도 절망적이었는지, 욕심 많은 사춘기 소녀는 구하는 것을 얻지 못하는 괴로움(求不得苦)에 빠져 있었습니다. 부처님 법 만나서 다행히 그 고통에서 헤어 나올 수 있었습니다. 행복해졌습니다.

12년 전 봄비가 촉촉이 내리던 날 스님을 처음 뵈었습니다. 스님은 커다란 우산을 들고 마중을 나와 계셨지요. 그 따뜻한 배려가 감동적이었습니다. 그날 신도들이 스님께 공양 올린 양갱을 대중들에게 골고루 나누어주셨습니다. 스님과 겸상을 해서 점심공양을 하는 청복도 누렸습니다. 신도들의 고민, 기자의 어리석은 질문에도 경청하시면서 자상하게 대답해 주시는 모습을 보고 사람들이 '자비롭기가 부처님 같은 스님'이라고 하는 까닭을 알았습니다.

"불교의 네 가지 은혜(불법승 삼보의 은혜, 부모의 은혜, 국가의 은혜, 동포의 은혜)를 철저히 아는 사람은 절대로 나쁜 일을 할 수가 없어요. 오늘날 세상에 문제가 많은 것이 다 이 은혜를 모르기 때문입니다. 부모의 은혜를 아는데 노인 문제며 청소년 문제가 왜 생길 것이며, 국가의 은혜를 아는데 어떻게 국토를 오염시킬 것이며, 사리사욕으로 국가의 경제를 흔들 수 있겠습니까. 동포의 은혜를 아는 데 어찌 노사간 계층간 갈등이 첨예해질 수 있겠습니까."

그날 스님께서 해주신 은혜 법문은 이 후 삶의 든든한 주춧돌이 되었습니다. 그러면서도 10여 년이 흐른 뒤에야 인연이 무르익어 재작년 봄 안성 석남사에서 스님을 뵙고 평생 스승으로 모시게 되었지요.

스님께서 펴내신 교재를 토대로 한 생활법문을 들으며 환희로웠습니다. 중간 중간 부처님께서 가섭 존자에게 자리를 내어주시듯 법회에 참석한 신도들에게 한마디씩 하라고 이르셨고, 참석한 분들 모두가 훌륭한 법사였습니다. 법장심 법사님, 전재근 교수님(서울대 농대 명예교수), 한복룡 교수님(충남대 법대 명예교수), 정기웅 교수님(건국대 법대), 김석한 교장선생님, 곽동욱(승보한의원)·정종열(신농한의원)·고종욱(아름건강한의원) 원장님의 말씀에 수희찬탄하지 않을 수 없었습니다. 법회를 마치고, 대중과 함께 공양을 하고, 신도들과 격의 없이 환담을 나누는 모습도 예전과 똑같이 아름다웠습니다.

"1968년 영주포교당에서 스님을 처음 뵈었는데, 부처님이 환생하신 줄 알았어요. 젊은 스님이 어찌나 열심히 하시는지 그때부터 지금까지 스님 따라다니면서 공부하고 있어요."라고 하시는 무상각 보살님(94세)의 말씀을 이어 신도들의 스님 자랑이 끊어지질 않았습니다.

"수행 잘하는 것으로 유명한 무문 스님(용주사 선원)은 그때 고등학생이었는데 스님께 반해서 출가하셨고, 저도 고등학생 때부터 스님을 모셨습니다."-이황(중심회 회장)

"저는 복이 많아서 초등학교 때 뵈었습니다. 스님은 저희들의 큰바위 얼굴입니다. 새벽 4시 예불 봉행, 5시 참선, 6시 도량 청소, 7시 아침공양, 8시부터 12시까지 사중 업무 및 공부 등 아주 철저하게 사십니다."-방용수(삼보정공 주식회사 대표이사)

"스님이 양말이며 속옷을 손수 빨아 입으시고 방 청소도 다하십니다."-여래자(석남사 공양주 보살)

"우리 스님처럼 많이 베푸시는 분도 없을 거예요."-김영광(우경정밀 주식회사 개발팀장)

"얼마나 건강하신지, 젊은 사람들이 못 따라가요. 성지순례, 등산을 같이 한 적이 있는데, 78세라는 연세가 믿어지지 않습니다."-정종열(신농한의원장)

"우리 스님처럼 겸손하시고 검소하신 분은 없을 겁니다. 그 흔한 자가용도 없습니다. 서울이나 지방에 가실 때 신도들이 자가용으로 모시려고 해도 꼭 대중교통을 이용하십니다."-문수행(안성 석남사 신도회장)

"스님의 원칙을 지키는 철저함과 검소함에 있어서는 누구나 혀를 내두릅니다. 모든 일에 솔선수범하시는 스님은 지금도 가장 싸고 편한 옷감의 승복을 입으시고, 외식 한번 안 하십니다."-심경 스님(반야사 주지, 조계종 총무원장 사서실장)

"스님께서도 평생 포교사로 살아오셨고, 우리 상좌들에게도 포교야말로 수행자의 본분사라고 강조하셨습니다. 항상 신도들 입장에서 법을 전하시라고 당부하시는 스님을 뵈면 '인천(人天)의 이익과 행복과 안락을 위하여 길을 떠나라'는 부처님의 전도 선언이 생각나고, 더 열심히 포교해야겠다는 원력이 샘솟습니다."-세영 스님(여주 신륵사 주지, 조계종 총무원 사회부장)

"포교하고 불사하면서 간혹 힘들 때도 있는데 그때마다 스님 생각을 하면 힘이 납니다. 부처님의 삶을 그대로 보여주시는 스승 중의 스승이십니다."-실상 스님(대구 법왕사 주지)

스님의 포교 원력은 전생부터 비롯된 것일 듯합니다. 수련회라는 말조차 생소했던 1968년 영주포교당에서 신도수련회를 처음 개최하는 등 신도 교육을 철저하게 시키셨습니다. 그 후 대학생수련회도 개최하시고, 대구 정법회 거사림회, 관음회, 경찰대학, 세무대학 등의 지도법사를 하시면서 심혈을 기울여 법을 전하셨습니다.

그 포교 원력의 결실이 맺어져 스님의 상좌들은 물론이고 유발 상좌모임인 중심회[이황 회장님(중심회 회장, 일광무역 대표), 정기웅 교수님(건국대 법대), 류원근 님(서울농대 불교학생회 창립), 진선관(경기문화연대사무처장), 김화수(화백), 김영광(용주사 불교청년회, 거사회 창립 초대회장), 최탁환 예비역 장군님, 류충열 중령님, 박재진 총경님, 정석모·박노면·김호철 경정님, 박경환·강천희·김길용 세무사님, 김의식 변호사님, 박정렬 선생님, 이대훈 사장님, 한우진 님, 황동규 님(전 KBS 카메라 감독), 김예경 님(다큐작가) 등] 불자들이 한국불교 발전을 위해 곳곳에서 활동하고 있습니다. 특히 대학생불교연합회, 경찰불자회, 세무불자회, 인연 있는 사찰 거사림회 활성화에 지대한 역할을 하고 있습니다.

스님, "물을 거울삼지 말고 사람을 거울 삼으라(不鏡於水 而鏡於人)"는 말씀처럼 스님을 거울삼아 살아온 불자들 모두 스님을 빼닮았습니다. 나름대로 자기 분야에서 일가를 이루고 열심히 포교하면서 행복하게 살아가는 분들을 보면서 새로운 희망이 솟았습니다. 스님의 삶, 한 말씀 한 말씀이 우리의 삶을 근본적으로 변화시키는 인생 지침이었습니다. 이 책을 엮기 위해 스님의 말씀을 듣고 자료를 정리하면서 더욱 많은 사람들이 스님을 닮아갔으면, 세상 사람들이 고통에서 벗어나 행복해졌으면 하는 바람을 가졌습니다. 아니 이 책을 읽다보면 저절로 행복해지리라는 예감이 들었습니다. 저 또한 작업을 하면서 전혀 고단하지 않았고 내내 행복했습니다.

　　스님, 고맙습니다.

2008년 봄비 내리는 새벽
사기순 올림

【 도움을 받은 책 】

『正命의 길』, 정무 지음, 정무문도회 펴냄

『中心敎材』, 정무 편, 인경원 펴냄

『평생공부』, 정무 편, 무간수 펴냄

『마음공부』, 정무 편, 무간수 펴냄

『부처님의 생애』, 박경훈 지음, 불광출판사 펴냄

『태교』, 석성우 지음, 도서출판 토방 펴냄

『대장일람집』 1, 장순용 옮김, 동국역경원 펴냄

정무 스님의 사람 사는 이야기

행복해지는 습관

___

엮은이　　사기순
2008년 5월 15일 초판 발행
2009년 6월　1일 초판　3쇄

___

펴낸이　　박상근(至弘)
주간　　　류지호
책임편집　사기순
디자인　　선연
녹취봉사　박순희
제작　　　김명환
홍보마케팅 허성국
관리　　　윤애경

___

펴낸 곳　　불광출판사
　　　　　　138-844 서울시 송파구 석촌동 165-14 진양빌딩 2층
대표전화　02) 420-3200
편집부　　02) 420-3300
팩시밀리　02) 420-3400

출판등록 제1-183호(1979. 10. 10)

ⓒ 정무, 사기순, 2008
ISBN 978-89-7479-548-1　03220
값 12,000원

독자의 의견을 기다립니다.
http://www.bulkwang.org

잘못된 책은 바꾸어 드립니다.

___